Garten Erlebnis

Lohmann
Grüne Träume unter Glas

Michael Lohmann

Grüne Träume unter Glas

Schönes und Nützliches in Wintergarten und Gewächshaus

BLV

CIP-Titelaufnahme der Deutschen Bibliothek

Grüne Träume unter Glas: Schönes und Nützliches in Wintergarten und Gewächshaus / Michael Lohmann. – München; Wien; Zürich: BLV, 1990
ISBN 3-405-13716-0
NE: Lohmann, Michael [Bearb.]

Bildnachweis

Firma Bartscher, Salzkotten: 84 u
Becherer: 78
Firma Beckmann, Wangen: 10/11, 25 u, 38, 39 or, 46/47, 89
Burda: Seite 5, 6/7, 34, 36/37, 50 ul, 50 ur, 51, 56, 62, 76 r, 77, 86/87, 88 o, 92 o, 93, 94, 96 o, 103 u
Busek: 20/21
Eisenbeiss: 106 u
Felbinger: 72
HolzBildArchiv Ruske: 92 u, 98
HolzBildArchiv Ruske/Arge Holz: 14/14
HolzBildArchiv Ruske/Busch: 88 u, 95 o
HolzBildArchiv Ruske/Arge Holz/Thomas: 97
Kopp: 24 u, 44, 55
Firma Krieger, Herdecke: 2/3, 12, 16/17, 24 o, 25 m, 26, 40/41, 42, 45, 48/49, 50 o, 60/61, 63, 64 o, 67, 68/69, 69 o, 70/71, 80/81, 85 u, 96 u, 102
Liebhardt: 90/91, 95 u
Morell: 71 o, 77 l, 104, 105 o, 107
Nickig: 8
Niehoff: 39 ol, 52/53
Redeleit: 9, 13, 24 m, 39 u
Reinhard: 24/25, 65 o, 65 u, 70 o
Riedmiller: 82/83
Ruckszio: 73, 76 l, 76 m, 77 r, 106 o
Seidl: 79
Skogstad: 100/101
Stangl: 14 o, 18/19, 54 o, 54 u, 57, 59
Stehling: 87 ur
Stein: 25 o, 64 u, 66 o, 66 u, 68 o, 74/75, 84/85
Strauß: 109
Firma Wagner, Salzburg/Marktschellenberg: 21 o, 30/31, 37 o, 86 o
Wetterwald: 108

Grafik:
Marlene Gemke, München

Einbandfoto vorn:
Kuno Krieger, Herdecke

Einbandfoto hinten:
Martin Stangl, Hohenschäftlarn

BLV Verlagsgesellschaft mbH,
8000 München 40
München Wien Zürich

© 1990 BLV Verlagsgesellschaft mbH, München

Lektorat: Katharina Holler
Herstellung: Sylvia Hoffmann
Layout: Anton Walter, Gundelfingen
Einbandgestaltung: F & H Werbeagentur GmbH, München

Gesamtherstellung: Pustet, Regensburg

Printed in Germany · ISBN 3-405-13716-0

Inhalt

Einführung

Gegenüber den tropischen Ländern, in denen es das ganze Jahr über warm und hell ist, in denen es bei genügend Wasser auch ununterbrochen grünt und blüht, sind wir in der sogenannten gemäßigten Zone wirklich mäßig dran. Je nach Lokalklima fallen in Mitteleuropa drei bis sechs Monate für die Pflanzenwelt mehr oder weniger aus.

Das ist für Menschen, die am liebsten ständig im Boden wühlen und ohne ihre sprießenden Zöglinge nicht sein können, schon hart genug. Noch ärgerlicher aber ist, daß der Freund wohlgeformter Blätter und delikater Blüten auf Tausende herrlicher Pflanzen verzichten muß, weil sie unseren Winter nicht vertragen.

Bereits im Mittelalter, als der Europäer die Welt und insbesondere die Tropen zu entdecken begann, setzte unter den reichen Leuten, Klöstern und Universitäten ein Wettbewerb um die ausgefallensten Gewächse aller Herren Länder ein. Das war teils ein botanischer teils ein technischer Wettstreit. Denn es ging ja vor allem darum, den tropischen Luxusgeschöpfen unseren Winter erträglich zu machen. Und das zu einer Zeit, da Glas rar und sündteuer war, künstliche Beleuchtung sich auf Kerzenschimmer beschränkte und mit ständig zu schürenden Holz und Kohlebecken geheizt werden mußte.

Das offenbar älteste Grünhaus (Viridarium) Europas wurde im 16. Jahrhundert in Padua erbaut. Allerdings kannten wohl auch schon die alten Römer so eine Art Kleinstgewächshaus zu Befriedigung winterlicher Gurkengelüste irgendwelcher Edel-

Im Grünen wohnen ist der Wunschtraum vieler Menschen. Wintergärten sind die Verwirklichung solcher Träume unter Glas.

menschen. Man legte dazu durchsichtige Scheiben vom Glimmerstein über die fahrbaren Pflanzgefäße, die nachts ins Haus gerollt wurden. Im Botanischen Garten von Leyden hatte man um 1600 immerhin schon eine Halle mit großen Fenstern, in der empfindliche Kübelpflanzen überwintert werden konnten.

Man nannte solche Anlagen Pomeranzenhäuser oder Orangerien, da die Kultur von Zitronen-, Orangen- und Feigenbäumchen besonders beliebt war. Am Hof des pfälzischen Kurfürsten in Heidelberg gab es eine Glas-Orangerie, die im Winter unter einem Holzbau verschwand, und dann im Frühjahr wieder abgeschlagen wurde.

Wie es im bürgerlichen Zeitalter dann zum Wintergarten kam, möchte ich erst im entsprechenden Kapitel darlegen. An dieser Stelle gilt es zu staunen über die Renaissance des Wintergartens in unseren Tagen. Unter dem Stichwort der passiven Sonnenenergienutzung hat sich eine regelrechte Solar-Architektur entfaltet mit teils technisch aufwendigen Konstruktionen zur Nutzung der winterlichen Sonnenwärme. Die altmodische Glasveranda mutet dagegen wie ein (gemütlicher) Dinosaurier an. Im Prinzip dient sie aber dem gleichen Zweck.

Der Treibhauseffekt

In der Diskussion um das sich verändernde globale Klima hat der »Treibhauseffekt« einen schlechten Ruf bekommen. Daß es sich dabei zunächst einmal um etwas sehr Nützliches handelt, gerät schon fast in Vergessenheit. Und nützlich ist dieser Effekt nicht nur im Fall des namengebenden Treib-, Grün-, Glas- oder Gewächshauses, sondern auch im Zusammenhang mit unserem Erdklima.

Worauf beruht dieser Effekt? Man könnte sagen, es handelt sich dabei um eine Art Strahlenfalle. In der Erdatmosphäre zum Beispiel wirken Wasserdampf und Kohlendioxid der Lufthülle wie ein Filter, der kurzwellige Sonnenstrahlen (UV-Licht) leicht durchläßt, langwellige Wärmestrahlung aber absorbiert oder reflektiert. Die kurzwelligen Strahlen der Sonne werden an der Erdoberfläche in Wärme umgewandelt, die nachts wieder abstrahlen würde, wenn die »Gaskuppel« der Atmosphäre das nicht zum großen Teil verhinderte.

Ganz ähnliche Eigenschaften hat gewöhnliches Fensterglas. Darum läßt sich in einem Glashaus ohne jegliche Heizung eine gegenüber der Umgebung spürbar erhöhte mittlere Tem-

Beim Bau von Wintergärten und Gewächshäusern sollte auch das Gestalterische nicht zu kurz kommen.

Die Erdatmosphäre wirkt in ihrer Gesamtheit wie ein Glashaus, wodurch extreme Temperaturschwankungen gemildert werden.

peratur erreichen. Man spricht in diesem Zusammenhang auch von passiver Sonnenenergienutzung – besonders auch bei Wohnhäusern mit großen Fensterflächen, wo dieser Effekt zur Erwärmung der Räume beiträgt.

Die in unserem Klima kostbare Wärme geht aber nicht nur durch Abstrahlung verloren. Die beiden anderen Formen der Wärmeübertragung sind die Konvektion (durch Strömung eines beweglichen Trägermediums wie Flüssigkeit oder Gas) und die Wärmeleitung (vor allem fester Stoffe). Beides spielt auch für die Konstruktion von Wintergärten, Gewächshäusern und Frühbeeten eine Rolle.

Um die Wärmeleitung herabzusetzen, verwendet man schlecht leitende Stoffe, wie Luft, Holz oder Kunststoffe. Ob ein Material die Wärme gut oder schlecht leitet, fühlt man ihm schon an: Metalle sind gute Wärmeleiter (also schlechte Dämmstoffe). Bei Kälte fühlen sie sich viel kälter, bei Wärme viel wärmer an als etwa Holz. Leistungsfähige Dämmstoffe fühlen sich bei allen Temperaturen neutral an.

Manchmal erscheinen sie sogar warm (z. B. Styropor), was daran liegt, daß sie die normalen Wärmeverluste unserer Haut bremsen.

Luft mit ihrer geringen Wärmeleitfähigkeit bietet sich aus doppeltem Grund für die Wärmedämmung an: man bekommt sie kostenlos und sie ist leicht. Ihre wärmedämmende Eigenschaft kommt aber nur dann zur Geltung, wenn ihre Beweglichkeit und damit der Wärmeverlust durch Konvektion eingeschränkt wird. Darum versucht man, Luft in kleinen Kammern »festzulegen«. Das Material dazu muß natürlich ebenfalls ein schlechter Wärmeleiter sein. Hohlziegel, Styropor, Noppenfolien – aber auch Kork und Holz beruhen auf diesem Prinzip.

Wasser leitet die Wärme viel besser als Luft, so daß man sehr darauf bedacht sein muß, daß Dämmstoffe nicht naß werden. Sie verlieren dadurch nicht nur ihre Dämmeigenschaft, sondern verrotten rascher und nehmen enorm an Gewicht zu (so daß Dachkonstruktionen einstürzen können).

9

Kleine Materialkunde

Was immer wir bauen wollen – wir stehen vor der Frage, welche Materialien für unser Vorhaben am geeignetsten sind. Alle haben sie Vor- und Nachteile, die im konkreten Fall erwogen und darauf abgestimmt werden wollen. Und auch aufeinander müssen sie abgestimmt sein: Für das schwere und bruchgefährdete Glas etwa brauchen wir eine andere Unterkonstruktion als für eine Umhüllung mit Folien.

Glas

Das altbewährte Material für Frühbeete, Gewächshäuser und Wintergärten ist Glas. Es hat, sofern es nicht zerschlagen wird, eine unbegrenzte Lebensdauer, verändert sich nicht durch Witterungseinflüsse und spricht uns auch ästhetisch an. Am besten verwendet man es dort, wo die Bruchgefahr gering ist und das relativ hohe Gewicht keine Rolle spielt. Glas hat eine Lichtdurchlässigkeit von bis zu 90%, während es von der langwelligen Wärmestrahlung nur 3% wieder hinausläßt. Das eben macht den Treibhauseffekt aus.

Wenn Sie Glas verwenden wollen, lohnt es sich, nach billigen Einkaufsmöglichkeiten oder anderen Quellen Ausschau zu halten. Oft gibt es in Bauglasereien günstige Restposten und bei Hausrenovierungen fallen oft Mengen gut erhaltener Fenster an.

Normales Fensterglas oder Blankglas ist beidseitig eben und vollkom-

Glashäuser können – unabhängig von ihrer Funktion – von großem architektonischem Reiz sein.

Kleine Materialkunde

men durchsichtig. Es ist als großflächiges Verglasungsmaterial für Gewächshäuser nur bedingt zu empfehlen, weil es die Lichtstrahlen geradlinig hindurchläßt. Das zwingt zu Schattiermaßnahmen im Sommer. Pflanzen gedeihen unter den Bedingungen des Gewächshauses, also bei eingeschränkter Verdunstung, besser bei diffusem Streulicht.

Sogenanntes Klarglas wird dieser Anforderung besser gerecht. Es besitzt eine genörpelte Seite, die das Licht streut, ohne dadurch in seiner Durchlässigkeit beeinträchtigt zu sein. Aus praktischen Gründen wird die unebene Seite nach innen verlegt; dadurch kann sich nicht so leicht Schmutz ansammeln. Im allgemeinen verwendet man genörpeltes Glas nur als Dach, es sei denn man selbst sucht einen Sichtschutz.

Das schwere und teure Isolierglas wird nur dort verwendet, wo geheizt wird, also bei Warmhäusern oder Wintergärten. Zwei Glasscheiben werden an ihren Rändern entweder verschmolzen oder verklebt. Der Scheibenzwischenraum ist mit trockener Luft oder Gas (z. B. Kohlendioxid) gefüllt. Der Wärmedämmeffekt ist erheblich. Es können mit einer solchen Verglasung bis zu 40% Energie gespart werden. Allerdings geht das auf Kosten der Lichtdurchlässigkeit, und beides muß gut gegeneinander abgewogen werden. Hinzu kommt das Gewicht von etwa 14 kg je Quadratmeter.

Verwenden sie für das Dach nur Sicherheitsglas, falls Sie nicht sowieso auf Kunststoff ausweichen wollen. Es gibt Einscheiben-Sicherheitsglas (ESG), das bei Bruch wie Autoscheiben in winzige Stücke zerfällt, oder Verbundscheiben (VSG), die durch eine Folie zusammengehalten werden.

Gewichte

Isolierglas:
14 kg/m²

Fensterglas 3 mm stark:
7,4 kg/m²

Well-Fieberglas 3 mm stark:
4–5 kg/m²

Acryl-Stegdoppelplatte 16 mm stark:
3 kg/m²

Folie 0,1 mm stark:
um 100 g/m².

Stegdoppelplatten ▷ aus Acrylglas (Plexiglas) sind leicht, stabil, wenig zerbrechlich und gut isolierend.

Stegplatten als Dach und Blankglas als Seiten sind ideal in grüner Umgebung.

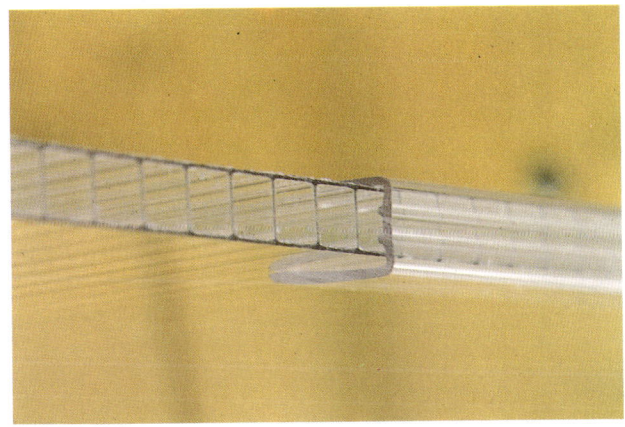

Kunststoffplatten

Kunststoffe sind mittlerweile zu echten Konkurrenten für Glas geworden. Sie sind leichter zu verarbeiten, können für gekrümmte Flächen verwendet werden, sind leichter im Gewicht und vor allem: sie sind bruchsicher.

Glasfaserverstärktes Polyester, bekannt als Fiberglas, ist relativ billig und leicht zu verarbeiten. Es gibt Platten und gewellte Formteile, die als Abdeckhauben, Frühbeetfenster, als Frühbeetrahmen und für Gewächshäuser verwendet werden. Die Lichtdurchlässigkeit beträgt anfangs 85%. Der Nachteil dieses Materials ist, daß es durch die UV-Strahlung mit der Zeit vergilbt.

Acrylglas ist unter der Bezeichnung Plexiglas allgemein bekannt. Es ist so lichtdurchlässig wie Glas, sehr wetterfest und darum von langer Lebensdauer (20 Jahre). Allerdings verkratzt es leicht und ist deswegen für Stehwände weniger gut geeignet als für das Dach.

Acrylglas wird zu Stegdoppelplatten (SDP) verarbeitet. Wie beim Isolierglas ergibt die eingeschlossene Luftschicht eine sehr gute Wärmedämmung, Stegdoppelplatten eignen sich

hervorragend für die transparenten Dachteile. Mit einer no-drop-Beschichtung sind sie noch dazu bei Regen geräuscharm. Sie ergeben eine gut aussehende, Streulicht erzeugende, bruchsichere Oberfläche.

Polycarbonate in Plattenform zeichnen sich durch ihre enorme Festigkeit aus. Das Material springt und bricht nicht, weil es elastisch ist. Auch daraus werden Stegdoppelplatten gefertigt, denen es nichts ausmacht, wenn mal ein Stein dagegenfliegt.

Kunststoffe werden in der Regel vom Hersteller mit einem UV-Schutz beschichtet. Er verhindert Verspröden, Veralgen oder Vergilben, oder schiebt diese Zerfallsvorgänge zumindest hinaus. Prüfen Sie die Garantieaussagen der Hersteller, bevor Sie sich für ein Material entscheiden.

Folien

Mit Folien können wir leicht und schnell eine Wärmehülle für unsere Pflanzen herstellen. Folien finden als Bodenbedeckung, Folientunnel und Spannmaterial für Frühbeetfenster und Kleingewächshäuser Verwendung und tun dort gute Dienste. Mit den reinen Bodenbedeckungsfolien, wie etwa den schwarzen Mulchfolien, die man z. B. unter Erdbeeren verwendet, wollen wir uns hier nicht weiter beschäftigen. Auch nicht mit den direkt über die Pflanzen ausgebreiteten Loch- und Schlitzfolien oder Vliesen – obwohl sie im Prinzip eine Art Miniaturgewächshaus darstellen.

Der Vorteil von Folien gegenüber Natur- und Kunstglas ist, daß sie billiger sind, weniger wiegen und leichter zu verarbeiten sind. Ihr Nachteil: Sie halten nur wenige Jahre und vergrößern dann unsere Müllberge, sofern sie nicht wiederverwertet werden.

Kleine Materialkunde

Polyäthylen-(PE)Folien besitzen einen Lichtdurchlaßwert von 80–85%. Sie sind besonders durchlässig für kurzwellige (UV)Strahlung. Das steigert zwar den Geschmack der Früchte und die Farbintensität der Blüten, aber es reduziert die Lebensdauer der Folie, denn diese wird durch UV-Strahlen brüchig. So haben UV-stabilisierte PE-Folien nur eine Lebensdauer von 3–4 Jahren. Da auch langwellige Strahlung leicht hindurchgeht, sind diese Folien zur Wärmeisolation nicht so gut geeignet. PE-Folie ist besonders preisgünstig und daher weit verbreitet.

Polyvenylchlorid-(PVC)Folien lassen 90% des sichtbaren Lichtes hindurch, jedoch kaum etwas von der langwelligen Strahlung. Sie wären durch diese physikalische Ähnlichkeit mit Glas für unsere Zwecke viel geeigneter als PE-Folien. Da PVC-Folien jedoch chlorierte Kohlenwasserstoffe enthalten und ausgesprochen umweltschädlich sind, können sie nicht empfohlen werden. PE- und PVC-Folien kann man übrigens an ihrem spezifischen Gewicht unterscheiden: PE-Folien schwimmen im Wasser, PVC-Folien gehen unter.

Polycarbonat-Folien werden in den verschiedensten Stärken angeboten, von dünnen Folien bis zu schußsicheren Platten. Das Material ist so lichtdurchlässig wie Glas, wird aber auch mit der Zeit durch Witterungseinflüsse spröde und vergilbt. Es empfiehlt sich als Folienunterzug unter Glas.

Achten Sie auch hier auf die Hinweise der Hersteller. Es gibt UV-stabilisierte Folien, deren Wetterfestigkeit und Lebensdauer erheblich höher liegt. Die Reißfestigkeit der verschiedenen Folien nimmt mit zunehmender Stärke zu. Im allgemeinen werden Stärken zwischen 0,05 und 0,2 mm angeboten. Noch wesentlich

Durchsichtige Folien können für zeitlich begrenzten Schutz eine gute Alternative zu soliden Glasbauten sein.

besser wird die Reißfestigkeit durch eingearbeitete Gewebe- oder Drahtgitter. Allerdings nehmen Gitterfolien mehr Licht weg – und hagelsicher sind sie auch nicht.

Tragende Teile

Je nachdem, ob wir uns für eine dauerhafte Konstruktion oder für eine nach Bedarf flexible Lösung entscheiden, werden wir die tragenden Teile gestalten müssen. Um Folie von 0,1 mm, leichte Polyesterplatten oder Glasscheiben von 3 mm Stärke zu tragen, bedarf es natürlich verschiedener Materialien und Konstruktionen.

Massive Holzkonstruktionen haben ihren Reiz und Wohnwert, aber sie machen auch Schatten.

Für handwerklich geschickte Selbstbauer bietet sich als universales Material für alle tragende Teile Holz an. Es ist mit dem Werkzeug, das eine Heimwerkstatt in der Regel bietet, ohne große Schwierigkeiten und Vorkenntnisse zu bearbeiten. Allerdings hat dieser Naturstoff auch seine Nachteile. Holz »arbeitet«, das heißt, es kann sich unter den extremen Temperatur- und Feuchtigkeitsschwankungen eines Gewächshauses leicht verziehen. Es entstehen dadurch undichte Stellen und es kann sogar Glas zu Bruch gehen.

Holz muß außerdem gegen ständige Feuchtigkeit (als Bedingung für Bakterienfraß = Verrottung) geschützt werden, sofern es sich nicht um sehr hartes oder naturimprägniertes (harzreiches) Holz handelt. Es ist im allgemeinen pflegeintensiv. In regelmäßigen Abständen müssen wir alle Holzteile mit Schutzstoffen behandeln. Dabei dürfen aber nur Mittel verwendet werden, die den Pflanzen nicht schaden. Tropische Edelhölzer wären viel widerstandsfähiger als die meisten heimischen. Da sie aber im allgemeinen nur unter Zerstörung der für uns alle lebenswichtigen Regenwälder zu bekommen sind, sollten sie für jeden verantwortlichen Menschen tabu sein. Indem wir uns mit Hilfe solcher Hölzer ein günstiges Kleinklima schaffen, tragen wir dazu bei, das Großklima zu ruinieren. Harziges Kiefernholz oder Lärche sind heimische Alternativen.

Bei einer Konstruktion aus Holz ist auch zu bedenken, daß sie stets viel massiver ist als eine aus Metall, also mehr Schatten wirft.

Eine Tragekonstruktion aus Metall wirkt sehr viel eleganter als eine hölzerne, da die Streben und Sprossen schmaler sein können. Bei Eisen und Stahl ist der Pflegeaufwand allerdings

15

kaum geringer als bei Holz. Wir müssen die Oberfläche regelmäßig gegen Rost schützen. Wer dazu weder Zeit noch Lust hat, sollte sich für eine wartungsfreie Konstruktion entscheiden. Feuerverzinktes Eisen kann nicht so bald rosten. Die Haltbarkeit beträgt mindestens 50 Jahre, sofern sie nicht durch stark verschmutzte, säurehaltige Industrieluft beeinträchtigt wird.

Aluminium ist rost- und wartungsfrei. Zwar wird die anfangs silberglänzende Oberfläche mit der Zeit grau, das entstehende Aluminiumoxid schützt aber vor weiterer Korrosion. Wer diesen Farbton nicht mag, kann auch farbbeschichtete (eloxierte) Aluminiumprofile bekommen. Die sehr haltbaren, da eingebrannten Farben reichen von bräunlich-grünlichen Versteckfarben bis zu leuchtenden Rottönen und tiefem Blau.

Auch Aluminiumbauteile können im Vergleich zu Holz viel schmaler sein. Sie nehmen dadurch weniger Licht weg und reflektieren zudem noch die einfallenden Strahlen. Das geringe Gewicht dieses Metalls wirkt sich positiv auf die Transportkosten aus. Es ist leicht zu verarbeiten (z. B. zu schneiden), und die einzelnen Teile müssen nur zusammengeschraubt werden. Bei entsprechenden Profilformen ist auch die Stabilität dieses Materials ausreichend. Kein Wunder also, daß Aluminium heute das bevorzugte Baumaterial für Kleingewächshäuser und auch für Wintergärten ist.

Leider hat auch diese Rose ihre Dornen: Aluminiumfabriken brauchen gewaltige Mengen an Strom und produzieren ebenfalls gewaltige Mengen von Schlämmen – beides eine große Belastung für unsere Umwelt. Deswegen ist Aluminium auch nicht billig. Gegenüber Holz hat es zudem den Nachteil großer Wärmeleitfähigkeit: Die vom Glas eingefangene Wärme kann über die Metallteile der Konstruktion wieder entweichen. Das läßt bei beheizten Gewächshäusern im Winter den Energieverbrauch merklich ansteigen. Kunststoffabdeckungen für die Sprossen mindern diesen Effekt (bis zu 6% Heizkostenersparnis) – und bieten gleichzeitig die Möglichkeit, durch entsprechende

Ein Kleingewächshaus aus Aluminium-Fertigteilen kann auch von handwerklich nur normal Begabten leicht aufgestellt werden.

Farbgebung dem Gewächshaus von
außen ein freundlicheres Aussehen
zu geben. Wirksamer und teurer sind
wärmegedämmte Aluprofile.

Das Klein- gewächshaus – Platz für grüne Träume

Vielleicht haben Sie schon eine ganze Weile den Wunsch, Ihre gärtnerischen Möglichkeiten zu erweitern. Sie würden gerne Ihre Pflanzen in größerem Umfang, als es an der Fensterbank möglich ist, selbst anziehen; Sie möchten schon im Februar die ersten frischen Kräuter und Salate auf den Tisch bringen; Sie möchten nicht schon wieder erleben, daß Sie monatelang Ihre Tomaten hegen und pflegen und sie dann doch grün zum Nachreifen in den Keller hängen müssen; Sie brauchen einen Ort, an dem Sie Ihre Balkon- und Kübelpflanzen überwintern können. Oder ist es vielleicht schon lange Ihr Wunschtraum, Kakteen oder Orchideen zu ziehen?

Die erste und wichtigste Frage, die Sie sich bei der Planung eines Kleingewächshauses stellen müssen, ist: Wofür will ich es haben? Wenn Sie das Gartenjahr nach vorne und hinten um vier bis sechs Wochen verlängern wollen, dann genügt ein Kalthaus ohne jegliche Heizung. Wollen Sie Pflanzen überwintern, so brauchen Sie ein temperiertes Gewächshaus mit Zusatzheizung, in dem es nie kälter wird als 5–10 °C. Wollen Sie das ganze Jahr über Gemüse ernten und Blumen haben, so ist ein beheiztes und gut isoliertes Warmhaus (nachts 16–18 °, tags um 25 °C) unvermeidlich.

Um richtig planen zu können, ist es nötig, sich die Nutzungsmöglichkeiten der verschiedenen Gewächshaustypen vor Augen zu führen.

Das Kleingewächshaus sollte zwar sonnig stehen, aber es muß sich auch in die gesamte Gartenanlage einfügen.

Das Kleingewächshaus

Im Kalthaus, das allenfalls einen Frostwächter, aber keine wirkliche Heizung besitzt, können Sie, wie in einem größeren Frühbeet früher im Jahr mit den Gartenarbeiten beginnen. Bereits im Februar oder März (je nach Jahr und Lage) erwärmt sich das Kalthaus in der Frühjahrssonne so, daß im Herbst gesäter Spinat oder Feldsalat zu wachsen beginnt und bald geerntet werden kann. Man kann auch schon mit der Aussaat früher Gemüse und Sommerblumen beginnen: Radieschen, Kohlsorten, Kopfsalat. Im Sommer eignet sich das Kalthaus für die Kultur wärmeliebender Gemüse, wie Auberginen, Paprika, Tomaten. Während des Winters kann es kälteunempfindlichen Zimmer-, Balkon- und Kübelpflanzen als helles, luftiges Ruhequartier dienen. Auch die Überwinterung von Blumenzwiebeln und Knollen ist mit einem Kalthaus problemlos, falls man keinen geeigneten Keller hat.

Das temperierte Haus, das bereits über gute Isolation und eine leistungsfähige Dauerheizung verfügen muß, da es darin auch in kältesten Winternächten nicht unter ca. 7 °C werden sollte, bietet weitere Möglichkeiten. Hier können auch empfindlichere Exoten überwintert werden, etwa Kakteen und andere Sukkulenten und sogar einige Orchideen. Hier können Sie auch praktisch den ganzen Winter über Feingemüse wie Radieschen, Kohlrabi, Salat und Kresse ziehen. Schon im Januar lassen sich Tomaten-Jungpflanzen heranziehen.

Das Warmhaus schließlich und der beheizte Wintergarten sind die Luxusherbergen für Tropenpflanzen, die es gerne das ganze Jahr über zimmerwarm haben.

Bei allen festeren Konstruktionen sollten Haltbarkeit, Isolation, technischer Aufwand, Nutzungszeit und Ko-

sten in ein vernünftiges Verhältnis zueinander gebracht werden. Es ist nicht besonders sinnvoll, in ein schlecht isoliertes Folien-Gewächshaus aufwendige Heizungs-, Lüftungs- und Bewässerungsanlagen einzubauen.

Das temperierte Haus sollte also schon ein fester Bau sein; je nach Größe und statischen Anforderungen (Hängetische, Belüftung) mit Fundament und Sockel. Lüftung, Heizung und Bewässerung versorgt man hier vielleicht noch im Handbetrieb, obgleich Lüftungsautomaten sich lohnen, wenn man sich nicht dauernd um das Treibhaus kümmern kann.

. Ein späterer Ausbau zum Warmhaus ist möglich, wenn beim Legen des Fundamentes an Zugänge für Hei-

Mit der Abtrennung ▷ eines größeren Gewächshauses lassen sich verschiedene Temperaturbereiche unter einem Dach vereinen.

Kakteen und andere tropische Sukkulenten halten große Temperaturschwankungen, aber keinen Frost aus; sie brauchen das temperierte Haus.

die Wand des Wohnhauses gebaut),
freie Pultdachhäuser und Rundhäuser
in Betracht. Man kann aber auch den
Giebel eines Satteldachhauses an das
Wohnhaus anschließen und erhält so
eine Art Wintergarten. Von all dem
wird ja noch die Rede sein.

In die Überlegung, was Sie wollen,
muß auch die Frage einbezogen werden, was Sie können. Wieviel Zeit haben Sie, sich um Ihre Schützlinge im
Gewächshaus zu kümmern? Im Geist
läßt sich leicht eine üppig wuchernde
Oase schaffen, in der Wirklichkeit ist
so etwas aber die Frucht harter Arbeit
und ausdauernder Pflege. Versuchen
Sie auch Ihre gärtnerischen Fähigkeiten realistisch einzuschätzen. Ohne
eine Portion know how wird Ihr Gewächshaus nie so recht florieren. Und
nichts ist trauriger als eine Gewächs-
hausruine, in der ein paar verdorrte
Pflanzenreste an mißglückte Versuche
erinnern.

Und zuletzt die Frage: Wieviel Geld
kann ich investieren? Fordern Sie Pro-
spektmaterial von verschiedenen Her-
stellern an. Lassen Sie sich Angebote
für Ihre ganz speziellen Bedürfnisse
machen und vergleichen Sie Leistung
und Preis.

Die Überlegungen über Standort,
Fundament, Material, Wärmedämmung und Lüftung, die wir im folgenden anstellen, gelten grundsätzlich
für alle Typen von Gewächshäusern.

All diese Überlegungen sollten vor
der Planung gemacht werden, da

zung, Strom und Wasser gedacht wurde, oder wenn die Fundierung gleich
für einen Anbau ausgelegt wurde. Im
letzteren Falle besteht die elegante
Möglichkeit einer Kombination aus
temperiertem und Warmhaus, beide
verbunden durch eine Trennwand
aus Glas. Im Warmhaus lohnt es sich
dann, nach und nach neben der Lüftungsautomatik (stromlos) auch automatische Bewässerung und thermostatgesteuerte Heizungssysteme (z. B.
mit Bodenheizung) einzusetzen. Natürlich kann man ebensogut ein ausreichend großes Haus durch Raumtei-
lung in der gleichen Weise verwenden.

Selbstverständlich ist der Besitzer
eines Warmhauses am besten dran, da
er nur die Heizung zu drosseln
braucht, um nach Geschmack ein
temperiertes oder Kalthaus zu haben.
Andererseits würden hierbei die aufwendigen Einrichtungen nicht genutzt.

Grundsätzlich kommen freistehende Satteldachhäuser, Pultdach-Anlehn-
häuser (ein halbes Satteldachhaus, an

Das Kleingewächshaus

auch für Gewächshäuser eine <u>Bauge-nehmigung</u> erforderlich ist, wenn sie bestimmte Größen überschreiten. Informieren Sie sich also, nachdem Sie sich für einen Typ (kalt, temperiert, warm) entschlossen haben, ob die geplante Größe, das Fundament, die Lage und die Grenzabstände genehmigt würden. Zuständig ist das städtische Bauamt oder das Kreisbauamt des Landratsamtes.

Ein Platz an der Sonne

Bei einem feststehenden Gewächshaus ist der <u>Standort</u> entscheidend und will genau überlegt sein. Soll es frei stehen, oder ans Wohnhaus oder an eine Garagenwand angelehnt werden? In jedem Fall ist die Ausrichtung nach Süden entscheidend.

Der beste Platz ist dort, wo jeder Sonnenstrahl eingefangen werden

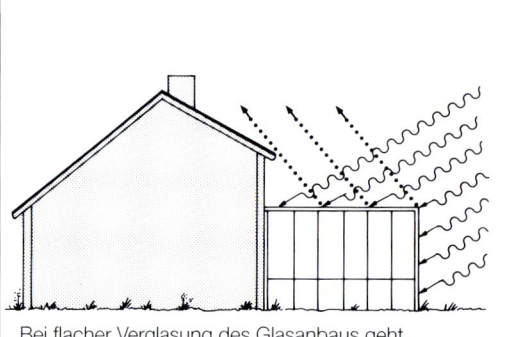

Bei flacher Verglasung des Glasanbaus geht viel Licht durch Reflexion verloren.

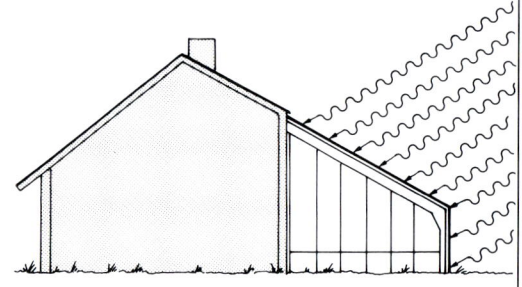

Optimal ist eine Neigung der Glasfront zwischen 30 und 60°: Das Licht wird optimal ausgenutzt.

Ideal als natürlicher Sonnenschutz ist ein Laubbaum. Er hält im Sommer die stärksten Sonnenstrahlen ab.

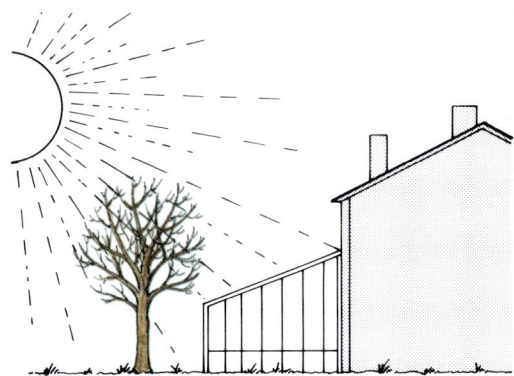

Im Winter läßt der kahle Baum genügend Sonnenstrahlen durch, so daß sich der Glasanbau erwärmen kann.

kann, kalte Winde aber möglichst keinen Zutritt haben. Sind Häuser oder Bäume in der Nähe, die Schatten werfen? Könnte die Südseite noch verbaut werden oder Ihr Nachbar Bäume pflanzen, die in nicht allzuferner Zeit unerwünschten Schatten auf Ihr Grundstück werfen? Ein Recht auf Sonnenlicht gibt es nicht!

Beachten Sie, daß die Sonne im Winter viel flacher steht und die Schatten länger werden. Da die Tage zwischen Oktober und Mai so kurz sind, brauchen die Pflanzen gerade in dieser Periode jede Minute an Sonnenlicht. Falls Sie Kompromisse eingehen müssen, weil Sie Häuser und Bäume nicht verrücken können, dann nehmen Sie lieber im Sommer etwas (Mittags-)Schatten in Kauf als im Winter. Falls Ihr Gewächshaus im Sommer mittags von einem Laubbaum beschattet wird, so sind die Pflanzen dafür sogar dankbar, weil Überhitzung vermieden wird. Im Winter wirft ein Laubbaum nur wenig Schatten.

Bei einem Anlehnhaus haben Sie meist noch weniger Wahlmöglichkeiten. Hier ist neben der Himmelsrichtung auch noch zu berücksichtigen, ob über ein Fenster oder eine Tür Verbindung zum Haus besteht und wie diese Verbindung benutzt werden soll. Das führt dann schon zum Thema Wintergärten.

Machen Sie sich keine Sorgen, wenn die Anlehnwand nicht genau in der Ost-Westachse steht. Bei Abweichungen bis zu 45° nach Osten oder Westen fangen Sie immer noch genug Wintersonne ein. Falls Sie zwischen Ost- und Westabweichung von der Südausrichtung wählen können, dann wenden Sie ihr Glashaus lieber dem Osten zu. Die rasche Erwärmung am Morgen ist für das Wachstum der Pflanzen besonders hilfreich, abends hält die Tageswärme vor.

Bauformen

Volle Lichtnutzung verspricht das freistehende Satteldachgewächshaus. Selbstgründend, oder auf Beton-Fundament errichtet, wird es auf schattenfreiem Platz von jedem ankommenden Lichtstrahl erreicht. In der dunklen Jahreszeit kann dies von entscheidendem Vorteil sein, um auch empfindlichen Pflanzenarten angemessene Lebensbedingungen zu sichern.

Der Aufwand dafür ist allerdings nicht gering. Zuleitungen vom Hause her sind tief in die Erde zu verlegen und zu isolieren, frostfreie Fundamente oder entsprechende Verankerungen sind nötig, damit sich das Gebäude nicht durch Temperatur- und Windeinflüsse verzieht. Die Stehwände sollten genügend hoch sein, wodurch sich allerdings auch der zu beheizende Raum vergrößert.

In Anlehnung an die strenge Satteldachform gibt es Ausführungen mit gewölbtem Dach und ohne First, besonders als Folienhäuser, bei denen Rundungen den Vorteil glatter Bespannung bieten.

Als festes Glas- oder Kunstglasgebäude errichtet, sollte das freistehende Gewächshaus jedoch sehr sorgfältig isoliert sein, was sich am besten im Metallbau mit Betonfundament und Sockel verwirklichen läßt. Um nicht Wärme »zum Fenster hinaus zu jagen« bedarf es neben einer Isolierverglasung auch einer Kunststoffabdichtung der Metallprofile, über die sonst 6–8% der Wärme nach außen geleitet werden, wie vom heißen Löffel aus der Suppe. Andererseits kann es in solchen »Schneewittchensärgen« auch zu warm werden, so daß an Schattierungseinrichtungen gedacht werden muß, damit die Pflanzen nicht versengen.

◁ Ein mit der Giebelseite am Haus angelehntes Glashaus im Stil des Gesamtgebäudes. Durch die Verwendung von Holz geringere Lichtausbeute.

Ein in die Erde eingelassenes Gewächshaus ist unauffällig und im Winter leicht frostfrei zu halten. ▷

Ein auf Funktionalität und nicht auf Schönheit konstruiertes Kleingewächshaus aus Aluminium und glasfaserverstärktem Polyester mit Satteldach und angeschrägten Seiten.
▽

◁ Rundbauten haben stets etwas Monumentales. Darum wirken sie am besten auf freier Fläche.

Über Eck angebaute Pultdachge- ▷ wächshäuser bieten viel Platz und wirken nicht so angehängt.

Ein einfaches Satteldachhaus aus Aluminium-Fertigteilen und Stegdoppelplatten (möglicherweise mit unzureichender Lüftung).
▽

Ein bescheidenes ▷ Anlehnhaus mit Pultdach, ohne Fundament. Klein, aber auf drei Etagen voll genutzt. Mit Frostwächter auch als Winterquartier geeignet.

25

Das Kleingewächshaus

Ähnliches gilt grundsätzlich auch für das vieleckige Haus (Rundhaus), welches mit gewölbtem Dach quasi halbkugelig auf dem Fundament oder über Grund steht oder eine entsprechende Pagodendachform aufweist. Hier sind oft alle Elemente »tragend«, weil dreieckige Scheiben so gegeneinander versetzt werden, daß sie aus sich selbst heraus die Kuppel bilden. Trotzdem ist die Stabilität dieser eleganten Bauform nicht geringer, zudem weist die Kuppelglocke Wind und Schnee besser ab, als das kastenförmige Haus. Die rundum transparente, freistehende Bauweise ist optisch attraktiv und deshalb besonders für die Aufzucht kostbarer Blumen geeignet. Schattierung ist bei dieser Form allerdings schwierig.

Da sind weiterhin die Pultdachgewächshäuser. Freistehend unterscheiden sie sich vom klassischen Satteldachhaus dadurch, daß die Seitenwände verschieden hoch sind, damit das Dach schräg aufliegen kann. Dadurch wird eine solche Bauweise natürlich asymmetrisch, was bei der Planung der Inneneinrichtung zu berücksichtigen ist.

Die Türen liegen gewöhnlich zur hohen Seite der Giebelwand, so daß die inneren Wege gebogen verlaufen müssen, will man nicht die größte Glasfront gärtnerisch ungenutzt lassen. Ein solcher Winkel kann beim Hantieren von Schubkarren und Kisten schon mal Mühen bereiten. Ist die gegenüberliegende Wand nicht zu niedrig gewählt und das Haus insgesamt groß genug, vermag dieser Mangel durch geschickte Raumaufteilung ausgeglichen zu werden.

Im übrigen kann ein solches Haus in gleicher Weise genutzt werden, wie die Satteldach-Ausführung, ja der Raum unter dem spitzen Winkel des Dachfirstes mag manche zusätzliche

Stellfläche ergeben, da man hier nicht mit dem Kopf anstößt.

Die gleichen Vor- und Nachteile hat grundsätzlich auch das sehr viel üblichere angelehnte Pultdachhaus. Der Name sagt, worum es sich handelt: Gegenüber der freistehenden Form wird hier die hohe Seite weggelassen, und dieses »halbe« Haus findet seinen Standort an der Sonnenseite des Wohnhauses, einer Werkstatt oder Garage. Deren Außenmauer bildet somit die vierte Wand; das Glashaus wirkt deshalb »angelehnt«, auch wenn es auf eigenem Fundament ruht.

Die Einsparung einer Glasfläche bringt allerdings einige spezielle Eigenschaften mit sich, von denen man vor der Planung wissen sollte. Das Licht kann nur von drei Seiten her

einfallen und wird von der Hauswand reflektiert. Wählt man für diese einen hellen Anstrich, so ist die Lichtausnutzung nicht schlecht. Trotzdem steht insgesamt erheblich weniger Tageslicht dem Pflanzenwuchs zur Verfügung, als im freistehenden Modell. Lichthungrigen Sorten kann das schon einmal zu wenig sein.

Andererseits wirkt eine Hausmauer als Wärmespeicher, so daß bei intensiver Sonneneinstrahlung aus dem Treibhaus rasch ein »Backofen« wird. Gleichzeitig fehlen an dieser Seite die Lüftungsklappen, so daß sich die Gefahr der Überwärmung noch erhöht. Schließlich kann die einseitige Lichtführung bewirken, daß die Pflanzen wie im Blumenfenster nach einer Seite wachsen.

Dem stehen Vorteile wie die einfache Verlegungsmöglichkeit von Heizung, Strom und Wasser aus dem Wohnhaus, eine Verwendung als Wintergarten und eine Nutzung gespeicherter Wärme zur Temperierung von Wohnräumen in der Übergangszeit gegenüber.

Solche Vorteile lassen sich auch mit dem giebelseitig angelehnten Satteldach-Gewächshaus nutzen, während man damit gleichzeitig viele der Nachteile des Pultdach-Anlehnhauses ausgleichen kann. Dieser Gewächshaustyp mit dem mittelständigen Dachfirst steht senkrecht zum Wohnhaus, so daß die darin untergebrachten Pflanzen nicht parallel dazu, sondern von der Wand wegweisend aufgestellt werden. Hierdurch ergibt sich, bei entsprechender Lage zur Himmelsrichtung, eine insgesamt bessere Lichtausnutzung im Tagesverlauf. Auch lichtliebende Arten können so gezogen werden, und man braucht auf die Kostenvorteile kurzer Rohrleitungen und wärmespeichernder Steinwände nicht zu verzichten. Auch

die hierdurch erzielte Energieeinsparung ist erheblich! Wer also über eine günstige Hausfront zum Anbau verfügt, wird in diesem Glashaustyp eine der besten Variationen erblicken.

Wasserabfluß

Ganz wichtig ist, daß Ihr Gewächshaus keine nassen Füße kriegt. Das Wasser muß ungehindert abfließen können. Beobachten Sie die Sickerrate an dem möglichen Standort. Haben Sie schweren lehmigen Boden, auf dem sich das Wasser staut, oder leichten Sand- und Kiesboden, auf dem sich auch bei einem heftigen Regenguß keine Pfützen bilden? Das ist besonders wichtig, falls Sie direkt in den Boden des Gewächshauses pflanzen wollen. Sie können die Sickerrate verbessern, indem Sie unter das Erdreich eine Schicht Kies und groben Sand einbringen.

Unerheblich sind die natürlichen Bodenverhältnisse, wenn Sie nur auf Tischen gärtnern wollen.

Das Anlehnhaus darf natürlich auf keinen Fall zur Folge haben, daß Ihr Keller feucht wird. Es sollte deswegen auf leicht nach außen abfallendem Erdniveau gebaut werden. Soweit Sie das Regenwasser vom Dach nicht auffangen und zum Gießen verwenden, sollten die Überschüsse in die Kanalisation abgeleitet werden.

Zuleitungen

Wasserleitung, Heizungsrohre, sowie die Stromzuführung und Abflüsse oder Drainagen müssen beim Fundament vorher eingeplant werden.

Wasserleitungen verlegt man im Freiland 80–100 cm tief in den Boden (Frostschutz!). Es ist bequem, wenn

Senkrechte Wände und ein ausreichend hohes Dach bieten genügend Platz und Bewegungsfreiheit.

Das Kleingewächshaus

Sie direkt im Gewächshaus über einen Wasseranschluß verfügen, aber nicht unbedingt notwendig. Einen Großteil des Gießwassers haben Sie direkt am Ort, wenn Sie das Regenwasser vom Dach in eine Tonne fließen lassen. Sie können einen Schlauch ins Gewächshaus legen, oder auch das nötige Wasser mit der Gießkanne herbeitragen. Pflanzen im Gewächshaus brauchen weniger Wasser als im Freiland.

Heizungsrohre müssen mit Dämmmaterial (Stärke gleich dem Rohrdurchmesser) umhüllt sein; der Zuleitungskanal sollte mit Styropor oder Styromull gefüllt werden. Heizungsrohre strahlen nämlich pro laufendem Meter soviel an Wärme nach außen, wie Sie zur Beheizung von ½ m² des Gewächshauses benötigen würden! Gute Isolation, z. B. mit Schaumstoffschalen, macht sich also bezahlt.

Ein Stromanschluß hat viele Vorteile. Zunächst den, daß Sie auch am Abend noch in Ihrem Grünhaus werkeln können. Unverzichtbar ist er, falls Sie vorhaben, sich bestimmter technischer Hilfsmittel zu bedienen, zum Beispiel eines Ventilators für die Luftumwälzung oder eines Frostwächters; beides Geräte, die uns bei wenig Stromverbrauch gute Dienste tun. Auch der Stromanschluß ist kein Muß. Manch einer mag vielleicht gerade Vergnügen an dem Erlebnis haben, ganz vom Strom unabhängig und nur auf die Sonne angewiesen zu sein.

Bei der Wahl des Standortes sollten Sie mit berücksichtigen, ob und wie Sie das Gebäude heizen wollen: mit Strom, mit Gas oder im Verbund mit der Zentralheizung des Hauses (s. S. 49). Auch wenn Sie sich zunächst für ein Kalthaus entschieden haben, sollten Sie sich den späteren Einbau einer Heizung schon bei der Planung offen halten. Denn der Appetit kommt beim Essen – und man kann sich Ärger und Kosten sparen, wenn man den Schritt vom Kalthaus zum beheizten Gewächshaus gleich mit einplant.

Wer die Zentralheizung des Hauses einsetzen möchte, der sollte sein Gewächshaus so nah wie möglich am Haus bauen, denn es geht über die Zuleitungen auch bei guter Isolierung viel Wärme verloren – bei schlechter Isolierung bis zu 20%. Auch die anderen Versorgungsanschlüsse wie Strom, Wasser und Kanalisation sind leichter zu erreichen, wenn Sie nah am Wohnhaus bauen.

Fundament

Es wäre Sparsamkeit am falschen Platz, wollte man bei einem stabilen Gewächshaus auf das Fundament verzichten. Es soll ja auch an stürmischen Tagen feststehen und sich bei bodenbewegendem Frost nicht verziehen. Außerdem trägt ein gut isoliertes Fundament wesentlich zur Warmhaltung des Hauses bei.

Es gibt freilich auch Gewächshäuser, die ganz ohne Fundament auskommen. Dazu gehören vor allem Leichtbauweisen und Folienhäuser. Ihre lichtdurchlässigen Stehwände beginnen direkt am Erdboden oder reichen sogar ein Stück in diesen hinein, um Wärmeverluste zu vermeiden. Hier verliert man kein Licht, kann also auch unter den Tischen anspruchsvollere Pflanzen ziehen. Es gibt sehr preisgünstige Ausführungen, doch sollte man auch bedenken, daß Folien nur begrenzt (einige Jahre) haltbar sind.

Glashäuser ohne Fundament sind in Bodennähe verletzlich, zudem sind Gruben für Packungen nur in entsprechendem Abstand zur Stehwand anzulegen. Trotzdem erfüllen solche

Häuser schon viele Anforderungen, besonders, wenn sie heizbar sind.

Feste, dauerhaft errichtete Gewächshäuser ruhen entweder auf einem durchgehenden Fundament oder auf einem Stein- bzw.- Betonsockel. Die Höhe des Fundamentes über dem Boden reicht von ca. 20 cm bis zur Hälfte der Stehwände. Ein niedriger Sockel vereint den Vorteil des mechanischen Schutzes (Tritte, Schubkarrenrad) mit dem des geringen Schattenwurfes. Er sollte aber doch so hoch sein, daß sich an seiner Innenseite Heizungs- und Wasserrohre, elektrische Leitungen und Steckdosen befestigen lassen. Auch als fester Halt für Türstock und Binder (s. S. 33) ist ein solides Fundament wichtig. Eine Höhe von 20 cm reicht dafür meist aus und läßt gleichzeitig noch so viel Licht auch unter die Tische, daß sich dort z. B. Schnittlauch oder Petersilie ziehen lassen.

Bausätzen wird oft ein Plan für das Fundament mitgegeben, der genau eingehalten werden muß, damit der Aufbau dicht und sicher auf den Grundmauern verankert werden kann. Meist dienen dazu Schienen, die mit Mauerschrauben befestigt sind. Diese Schrauben müssen also entweder gleich in den Sockel mit eingegossen werden, oder man setzt entsprechende Aussparungen (z. B. Styroporklötzchen) ein, in welche die Schrauben später, maßgenau, einbetoniert werden. Notfalls kann man aber auch die entsprechenden Dübellöcher noch nachträglich mit dem Dübelbohrer anbringen.

Gleich ob der Sockel gemauert, oder ebenfalls aus Schalbeton errichtet wird: zwischen Fundament und Sockel sollte immer ein Dichtungsmaterial (Dachpappestreifen) eingefügt sein, damit hochsteigende Feuchtigkeit nicht an die Konstruktion gelangt. Wer gleichzeitig etwas zum Energiesparen beitragen möchte, kann die Fundamentwände mit Styropor, oder noch besser mit Styrofoam- oder Styrodur-Platten (Polystyrol-Hartschaum) sowohl außen, als auch innen belegen – und das sowohl im wie überm Boden. Es gibt sie auch als Nut- und Federplatten für nahtlose Deckung. Aus Umweltschutzgründen (Ozonloch!) sollten jedoch nur Materialien verwendet werden, die nicht mit FCKW (Fluorchlorkohlenwasserstoff) geschäumt wurden!

Je höher der Sockel, um so dunkler wird es am Boden, so daß z. B. Grundbeete hier nicht mehr angelegt werden können. Deshalb sollte in einem vielseitig zu verwendenden Treibhaus die Sockelhöhe ¼ der Seitenwandhöhe (gemessen zur Traufe) nicht überschreiten. So lassen sich im Grundbeet noch Kohlrabi, Kopfsalat, Gurken und sogar Tomaten anpflanzen.

Gewächshausfundament im Querschnitt mit Sockel, auf den die Mauerschiene und die Binder aufgeschraubt werden. Eine Eisenarmierung ist nicht erforderlich.

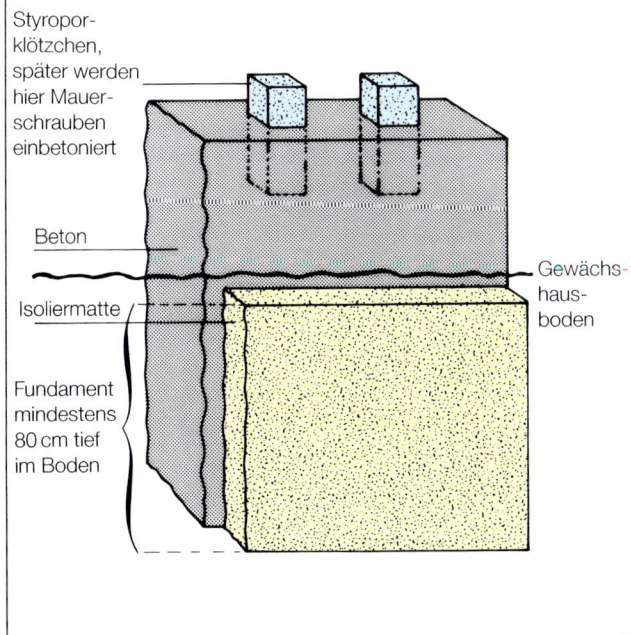

Styroporklötzchen, später werden hier Mauerschrauben einbetoniert

Beton

Isoliermatte

Fundament mindestens 80 cm tief im Boden

Gewächshausboden

Das Kleingewächshaus

Bauweise des Gewächshauses

Bevor ich auf die verschiedenen Bauweisen eingehe, möchte ich Ihnen noch einen Tip geben: Ganz gleich, ob Sie ein Fertighaus, einen Bausatz oder den Selbstbau wählen, Sie sollten sich zuvor durch Augenschein einen Eindruck der Vor- und Nachteile verschiedener Konstruktionen verschaffen! Gelegenheit dazu bieten Gartenausstellungen, Landes- und Bundesgartenschauen oder Modelleinrichtungen z. B. an landwirtschaftlichen Fachhochschulen, Gartencenter sowie Vorführhäuser der Händler und Hersteller.

In der Praxis sieht manches anders aus als in der Vorstellung, und man stößt buchstäblich auf unvermutete Kniffeligkeiten, wenn man sich selbst in einem Vorführhaus bewegt. Da verstellen die Tische den Zugang zu den Belüftungshebeln, Steckdosen liegen an schwer erreichbarer Stelle, Ventilatoren sind nicht gegen Regen geschützt, tragende Teile erlauben keine Befestigung von Lampen, Strahlern, Hängetischen oder Lüftungsautomatik, Türblätter sind zu zierlich gestaltet oder haben statt Klinken nur Knöpfe, die man mit klammen oder feuchten Fingern schwer zu fassen bekommt; Türen schließen nicht fest, so daß ein Windstoß sie aufreißen kann etc. Ein solides Haus soll Frost und Sturm ebenso sicher überstehen, wie Hagel oder große Hitze. Dichtungen sollten darunter nicht mürbe werden, in Fundamenten keine Risse entstehen und tragende Teile sollten mehr aushalten können als nur die Scheiben und ihre Rahmen.

Schließlich ist daran zu denken, daß sowohl die Wände, als auch die inneren Einrichtungen halbwegs be-

quem zu reinigen und zu pflegen sind, was ganz besonders für bewegliche Teile (Scharniere, Lüftungsmechanik, Schattierungseinrichtungen, Ablaufsiebe etc.) gilt. Denken Sie auch daran, daß störanfällige Elemente (Glas, Heizung, Wasserzufuhr, Regler) für Reparaturen erreichbar bleiben, ohne bei vollem Bewuchs Ihre Pflanzenschützlinge in Gefahr zu bringen.

Und noch etwas: So mancher Gartenliebhaber freut sich besonders darauf, sich im Pensionsalter ganz seinem Hobby widmen zu können.

Werdegang eines Kleingewächshauses: Das Fundament muß absolut eben und verwerfungsfrei stehen. Die Montage des tragenden Gerüstes ist mit verschraubbaren Aluminiumprofilen recht einfach. Auch das Einsetzen der Stegdoppelplatten ist keine Hexerei. Das meiste handwerkliche Geschick erfordert die Inneneinrichtung.

Das Kleingewächshaus

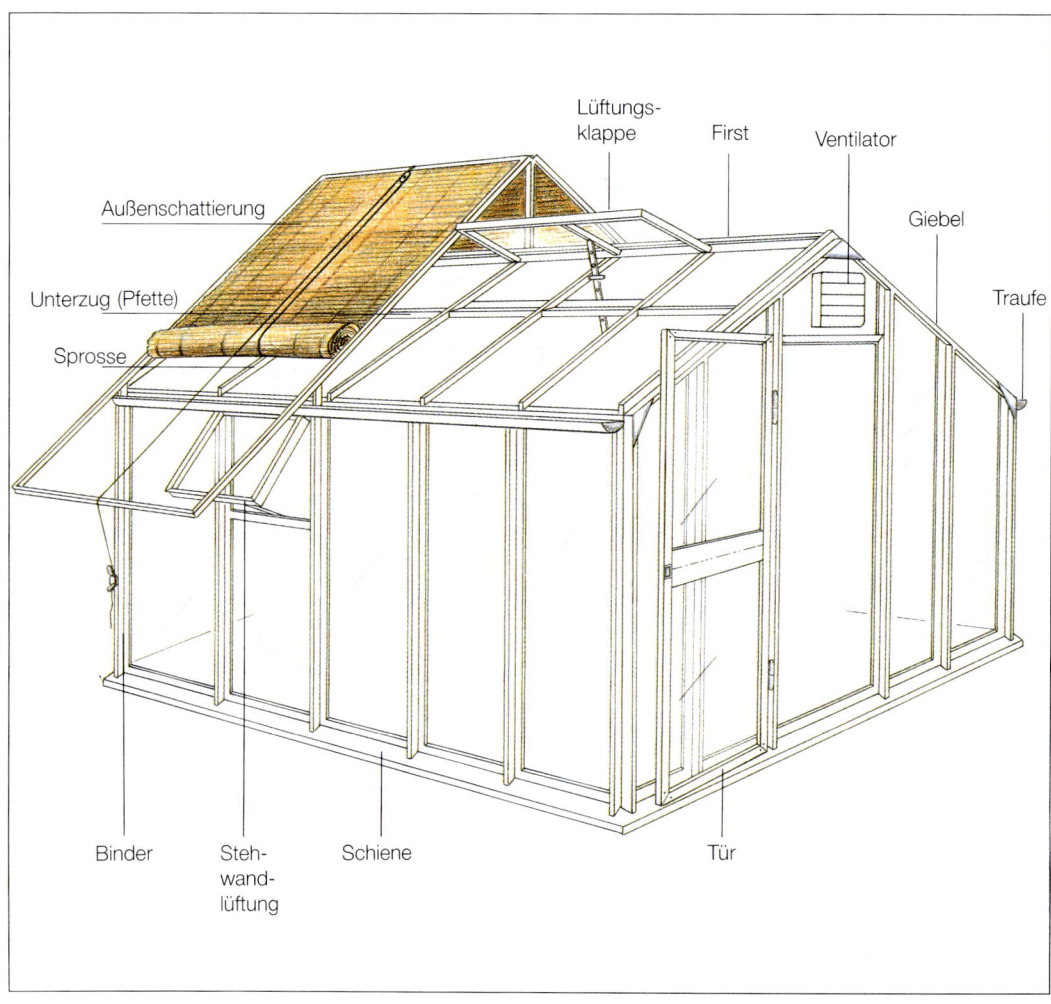

Außenschattierung

Lüftungs-
klappe

First

Ventilator

Giebel

Traufe

Unterzug (Pfette)

Sprosse

Binder

Steh-
wand-
lüftung

Schiene

Tür

Doch das höhere Alter bringt auch manche Behinderung mit sich, auf die man vorbereitet sein sollte. Für die Gewächshausanlage heißt dies, eventuell vorher zu bedenken, ob alle Inneneinrichtungen mühelos zugänglich, und – im Fall der Fälle – sogar von einem Rollstuhl aus erreichbar sind. Gerade ein, während eines Gärtnerlebens ans Herz gewachsenes Treibhaus kann über manche Beschwerlichkeit fortgeschrittenen Al-

ters hinwegtrösten, wenn die kraftraubende Arbeit am Freilandbeet nicht mehr von der Hand gehen will.

Doch nun zur eigentlichen Bauweise: Die tragenden Teile (Binder) sitzen selbst oder in einer Schiene dem Fundament auf. Querverbindungen sind der First, die Unterzüge (Pfetten) des Daches, die Traufe am Dachrand und Profile der Stehwände, Türen und Klappen. Den Abschluß bildet eine Schiene oder ein Sockelstück.

Das Kleingewächshaus

◁ Die Bezeichnung der einzelnen Bauelemente eines Gewächshauses entsprechen denen eines festen Gebäudes.

Das Dach ist durch Sprossen und Lüftungsklappen unterteilt, bei vielekkigen (»Rund-«) Häusern bilden Dach und Stehwände eine Einheit (Halbkugelform).

Die senkrechten Flächen werden als Stehwände bezeichnet, rein vertikale Ausführungen sind für die Innenraumgestaltung günstiger als Typen mit geneigten Wänden. Ebenso wie das Dach enthalten die Stehwände Lüftungsflügel, die so konstruiert sein sollen, daß sie beim Öffnen die Nutzungsfläche nicht einschränken. Man muß sie in verschiedenen Winkeln arretieren können, um den Luftstrom zu regulieren.

Die Tür sollte normale Maße (70×190 cm bis 100×200 cm) haben, wobei zu bedenken ist, daß man mit Kisten, Schubkarren etc. hindurch muß. Neben der üblichen einflügeligen Tür sind Schiebetüren in Verwendung. Die Schiebetür ist die platzsparendste Lösung, ist aber mit einer Hand schwieriger zu schließen.

Ist der Standort des Gewächshauses ein erhöhter Platz im Garten, so kann die Türschwelle ebenerdig abschließen. In diesem Falle hat man keinen Ärger mit eindringendem Regenwasser. Kommt man hingegen nicht umhin, in eine Senke zu bauen, weil ein anderer Platz nicht verfügbar ist, so kann eine äußere Anschrägung des Gehweges, die sich in einem betonierten Mittelgang des Glashauses fortsetzt, das Problem einer »Stolperschwelle« lösen und das Wasser trotzdem draußen halten. Stufen sind jedoch zu vermeiden.

Nun aber zu den baulichen Einzelheiten. Der komplette Selbstbau ist gewiß demjenigen vorbehalten, der sowohl über handwerkliche Erfahrung als auch über Werkzeug und genügend Werkraum verfügt. Und selbst er wird sich an den Errungenschaften der industriell gefertigten Ausführungen orientieren, um zumindest Einzelteile daraus in sein persönliches Konzept einzufügen. Es scheint deshalb sinnvoll, an dieser Stelle gleich mit einer Besprechung von Bausätzen und Fertigteilhäusern zu beginnen.

Bausätze und Fertigteile

Abgesehen vom Fundament, lassen sich mit den modernen Profilen viele Gewächshaustypen auch vom Laien recht einfach zusammensetzen. Die kittlose Verglasung durch einfaches Einschieben in Dichtungsprofile und die bequeme Aufsteckmechanik von Dichtungs- und Dämmaterial erlauben es, das eigene Gewächshaus ohne Vorkenntnisse selbst zu montieren. Insbesondere die Aluminiumkonstruktionen sind einfach zusammenzuschrauben und mit dem Sockel meist ebenfalls durch Schrauben verbunden, so daß kein kompliziertes Spezialwerkzeug nötig ist, um die Teile miteinander zu verbinden.

Viele Anregungen kommen aus England, dem »klassischen« Gewächshausland, aber auch aus Holland, wo Gartenbau unter Glas Tradition hat. Inzwischen mischen sich auf dem einheimischen Markt ausländische mit inländischen Produkten auf vielfältigste Weise. Jeder dürfte dort etwas dem eigenen Geldbeutel und den gärtnerischen Ansprüchen Entsprechendes finden.

Die Auswahl sollte, wie gesagt, möglichst an Ort und Stelle, z. B. auf großen Ausstellungen, in Preis und Qualität verglichen werden. Dazu bedarf es zuvor genauer Überlegungen über die Verwendungsmöglichkeiten und die langfristigen Aufwendungen. Am besten notiert man sich alle Wünsche und kritischen Punkte und schaut das Angebot aufmerksam nach diesem Fragekatalog durch. Erst an-

Das Kleingewächshaus

schließend vergleicht man die Preise
der infragekommenden Modelle. Dadurch wird die Wahl erleichtert und
die Vor- und Nachteile der einzelnen
Fabrikate treten im Vergleich deutli-
cher hervor. Kataloge betonen hingegen stets die Vorzüge und lassen die
möglichen Mängel unerwähnt. Eine
ständige Ausstellung von Kleinge-
wächshäusern befindet sich auf der
Insel Mainau (Bodensee).

Wenn Sie sich für ein Baukastensy-
stem entschieden haben, so achten
Sie darauf, daß Erweiterungsmöglich-
keiten vorgesehen sind (Fundament!).
Die Lust auf gewagtere Pflanzenan-
zucht-Experimente kann durch erste
Erfahrungen im eigenen Treibhaus
erst geweckt werden. Dann ist es
schade, wenn man sich auf ein nicht
ausbaufähiges Modell festgelegt hat.

Die Inneneinrichtung

Technischer Aufwand lohnt sich nur
dort, wo es anders nicht geht. Viele
Pflanzenarten kann man ohne großes
technisches Drum und Dran sehr gut
im Gewächshaus ziehen, besonders
wenn man die Zeit hat, sich selbst
darum zu kümmern. Muß man jedoch
mit längerer Abwesenheit rechnen, so
wird man über die Möglichkeit automatischer Versorgung durch entsprechende Einrichtungen froh sein. Voraussetzung dafür ist die Versorgung
des Gewächshauses mit Wasser,
Strom und Heizung.

Gerade das kleine Gewächshaus
sollte so eingerichtet sein, daß man
den kostbaren Platz gut nutzt, ohne
die Bewegungsfreiheit allzusehr ein-
zuengen. Funktionell und sparsam ist

Die Inneneinrichtung
eines Gewächshau-
ses sollte vor allem
praktisch sein und
genügend Bewe-
gungsfreiheit lassen.
Im Zweifelsfall lieber
einfach.

Die Einrichtung eines Gewächshauses

Automatischer Fensterheber

Luftumwälzer

Vegetationslicht (Leuchtstoffröhre)

Thermometer

Heizkabel

Seitenbeete

Streifenfundament

Tropfenbewässerung

Tomaten in Pflanzsäcken

Erde

Sand

Gewächshaustisch

Keimbox

Rippenrohrleitung

Wärmedämmung

Das Kleingewächshaus

hier die Devise. Fangen Sie lieber mit einer ganz spartanischen Einrichtung an und ergänzen Sie dann je nach Bedarf. Selbst die Frage, ob nur Grundbeet oder auch Tische, muß nicht sofort entschieden werden. Falls Ihr Rücken noch mitmacht, können Sie ruhig erst einmal ohne Tische beginnen.

Von Anfang an wichtig sind eigentlich nur eine gute Lüftung und die Möglichkeit zur Schattierung – wobei man sich da auch mit allem möglichen behelfen kann (Strohmatten auf dem Dach, Kalkanstrich usw.).

Wegbefestigung

Innerhalb des Treibhauses sollte man sich trockenen und sicheren Fußes bewegen können. Die einfachste Lösung des Wegeproblems sind Roste aus Holz, Metall, Kunststoffen oder Steinwaben. Natürlich kann der Gehweg auch über einem soliden Kiesgrund betoniert werden, wobei auf eine etwas rauhere Oberfläche geachtet werden muß. Schubkarren sollten ebenso sicher darauf bewegt werden können wie Rollstühle (siehe oben). Der Gehweg sollte gegenüber den Grundbeeten etwas erhöht sein, damit keine schmierenden Lehmschlieren zu Unfällen führen.

Tische

Stellagen und Stellflächen an denen sich gut arbeiten läßt, sind 80–100 cm hoch. Wer überwiegend Gemüse anbauen möchte, kann, wie gesagt, gut darauf verzichten. Wer aber vor allem Jungpflanzen anziehen oder Kakteen und andere Topfpflanzen verhätscheln will, dem seien Arbeits- und Kulturflächen in Hüfthöhe doch sehr empfohlen. Eine kleinere Arbeitsfläche kann auf jeden Fall auch nicht beim Arbeiten mit Grundbeeten schaden. Wenn Sie dafür Gitter verwen-

den, dringt auch noch genügend Licht auf den Boden.

Daneben erhält man Wannenformen zur Bewässerung (s. u.) und Winkelrahmen für verschiedene Auflageplatten. Die oft empfohlenen Asbestplatten sollten durch gesundheitlich unschädliche Materialien ersetzt werden, da Asbestfasern durch Luft und Wasser in die Lungen eindringen und dort Krankheiten auslösen können (Asbestose).

Stellagen und Tische können nach Bedarf eingebaut werden. Das gilt auch für Hängetabletts, die an Ketten

Beheizbare Vermehrungskästen finden auf kleinen Abstellflächen Platz. Eine Styroporplatte dient zur Isolierung.

Feste Stellagen in Tischhöhe sind die wichtigste Ebene für alle Arbeiten, Hängestellagen sind für Jungpflanzen geeignet.

oder Gestängen von den tragenden Teilen der Dachkonstruktion gehalten werden und auch noch brust- bis augenhoch Blumentöpfen Platz bieten. Grundbeet, Tische und Hängetabletts ergeben zusammen die Möglichkeit, auf drei Etagen Pflanzen zu ziehen. Allerdings schattiert jede Stellage einen gewissen Teil des Gewächshauses, weshalb in diesen Zonen weniger lichtbedürftige Pflanzenarten angebaut werden sollten.

Auf den Tischen lassen sich nach Bedarf besonders geheizte Vermehrungskästen aufstellen. Darunter können Dunkelräume eingerichtet werden, die sich zum Treiben von Zwiebelgewächsen eignen.

Wasserversorgung

Die frostfrei verlegte Wasserleitung soll an einer Stelle des Treibhauses enden, die stets leicht zugänglich ist, also etwa neben der Tür. Nützlich ist ein Becken unter dem Wasserhahn, das tief genug ist, um eine Gießkanne zu füllen. Selbstverständlich muß der Hahn ein Gewinde für einen Schlauchanschluß haben. Bei ausreichendem Platz ist ein zweiter Hahn nützlich, um nicht jedesmal zum Händewaschen den Schlauch abschrauben zu müssen. Das Becken sollte einen Ablauf mit herausnehmbarem Sieb haben, um Abfälle leicht entfernen zu können. Der Ablauf mündet je nach Standort des Gewächshauses (gegebenenfalls zusammen mit Bodenablauf und Regenrinne, z. B. bei Anlehnhäusern) im allgemeinen Hauskanal, in einer Kiesversickerung oder als oberflächlicher Ablauf.

Will man jedoch Regenwasser sammeln, so sollte das Regenrohr entsprechend hoch enden und bei ungehemmtem Lauf eine Kette enthalten, um das eventuell störende Geplätscher zu verringern.

Das Kleingewächshaus

Zur Bewässerung von Topfpflanzen sind Tische in Wannenform mit hochgezogenem Rand (etwa 5 cm) gut geeignet. Eine Auskleidung mit Folie und (entkalktem) Sand dient zur Aufnahme größerer Wasserreserven. Die Feuchtigkeit steigt von unten her in die darauf gestellten Töpfe. Dem gleichen Zweck dienen sogenannte Bewässerungsmatten, die schwammartig Wasser aufnehmen und abgeben.

Wer nicht alle paar Tage nachgießen will oder kann, bewässert automatisch mittels gelochten Kunststoffleitungen (Folienschlauch oder Plastikrohr). Ein Feuchtefühler und ein Magnetventil sorgen für bedarfsgerechten Nachschub. Damit das Wasser nicht zu kalt aus der Leitung kommt, empfiehlt sich eine »lange Leitung«, in der das langsam zufließende Naß Raumtemperatur annehmen kann – oder sich auch weiter erwärmen kann, wenn der Schlauch schwarz und der Tag sonnig ist.

Lüftung

Wie schon mehrfach angedeutet, kann der Treibhauseffekt des Guten auch zuviel leisten. Denken Sie daran, wie Ihr Auto in der Sonne zum Backofen werden kann! Im Gewächshaus, das ja darauf angelegt ist, Sonnenwärme zu speichern, kann es ganz schnell zu Temperaturen kommen, die keine Pflanze längere Zeit aushält – zumal ihr dort durch die fehlende Luftbewegung und hohe Luftfeuchtigkeit die Möglichkeit zur Kühlung durch Verdunstung weitgehend genommen ist. Es ist daher sicher richtig, wenn behauptet wird, daß schon mehr Gewächshauspflanzen an zuviel Hitze als an zuviel Kälte eingegangen sind. Eine ausreichende und zuverlässige Lüftung ist also von größter Bedeutung.

Heiße Luft steigt nach oben. Es ist daher beim Bau oder Kauf eines Gewächshauses zuallererst darauf zu achten, daß im Dach oder unter der Traufe genügend große Lüftungsöff-

Oft reicht das Regenwasser vom Gewächshausdach als Wasserquelle. Eine zusätzliche Regentonne am Haus kann nicht schaden.

Das von Hand zu bedienende Lüftungsfenster ist stabil, aber bei raschen Temperaturwechseln ungeeignet.

Automatisch und stromlos funktioniert die Lüftungsschere – eine ideale Sache.

Stufenlos läßt sich die Lüftung mit Lamellenfenstern steuern – besser noch in Verbindung mit einer stromlosen Automatik.

nungen vorhanden sind, durch die die heiße Luft abziehen kann. Hierfür sind entsprechend dimensionierte (vergitterte) Öffnungen in Bodennähe notwendig, durch die kühle Luft von außen nachströmen kann. Alle Lüftungsöffnungen zusammen sollten etwa 10% der gesamten Glasfläche ausmachen. Die Tür und Seitenfenster können natürlich mitgerechnet werden, sofern sie in der Praxis auch wirklich notfalls den ganzen Tag offenstehen dürfen. (Keine Hühner, Katzen, Hunde...?)

An sonnigen Sommertagen sollte und kann man den ganzen Tag (und oft auch noch die Nacht) über alle Öffnungen des Gewächshauses offen lassen. Kritischer wird es in den Übergangszeiten, wenn kalte Luft und heizende Sonne unsere oft zarten Pflanzenkinder unerträglichen Wechselbädern aussetzen würden. Selbst

39

wenn für ganztägige Bewachung gesorgt ist: unfehlbar ist niemand, und
mühsam ist es auch, ständig dem Wetter nachzulaufen. Darum sorgen Sie
von Anfang an und auf jeden Fall für
automatische Fensteröffner. Beim
Frühbeet haben wir schon (mit Staunen?) gehört, daß es dazu keiner
Elektroinstallationen bedarf. Die stei-
gende Temperatur selbst leistet die
Arbeit des Öffnens, und eine einfache
Zugfeder sorgt wieder fürs Schließen.
Die Anschaffungskosten sind gering,
die Betriebskosten null, die Erleichte-
rung aber ist groß.

Ventilatoren sind in einem Kleingewächshaus in aller Regel nicht erforderlich. Es sei denn, es steht so ungünstig, daß die natürliche Luftumwälzung behindert wird – wenn etwa
ein Balkon das Öffnen der Dachfen-
ster be- oder verhindert. Es kann im
Einzelfall aber angebracht sein, mit
einem kleinen Gebläse für Luftumwälzung und dadurch gleichmäßigere
Temperaturverteilung und bessere
Verdunstung auf den Blättern zu sorgen. Besonders bei der Gefahr von
Pilzkrankheiten (Mehltau usw.) ist bewegte Luft anzuraten.

Schattierung

Merkwürdigerweise kommt es unter
natürlichen Bedingungen, auch wenn
sie extrem sind, nie zu Verbrennungen bei Pflanzen durch zuviel Licht.
Es ist enorm, was Pflanzen an Strah-
lungsintensität aushalten, sei es im
Hochgebirge, sei es in tropischen Wü-
sten. Allerdings gibt es große Unter-
schiede von Art zu Art und vor allem:
Jede Pflanze paßt sich an die Lichtverhältnisse ihres Standorts an. Die großen, zarten Blätter einer im Waldesin-
neren wachsenden Buche würden sicher Schaden nehmen, wenn man sie
dem vollen Sonnenlicht aussetzte. Er-
wachsene Buchen bilden denn auch

beides aus: kleine, robuste Lichtblät-
ter im Außenbereich der Krone und
große, zarte Schattenblätter, dort, wo
die Sonne nicht so hinkommt. Auch
in ihrer Feinstruktur unterscheiden
sich solche Blätter.

Im Gewächshaus kann es relativ
leicht zu Verbrennungen kommen,
vor allem wenn das ungebrochene
Sonnenlicht mit überhöhten Temperaturen und herabgesetzter Verdunstung einhergeht. Normales Fensterglas (Blankglas) ist da besonders ge-
fährlich. Darum nimmt man für Ge-
wächshausdächer bevorzugt genörp-
peltes Glas (Klarglas) oder Stegdoppelplatten, die das Licht streuen. Manche Arten (z. B. Orchideen und Bromelien des Urwaldes, oder Farne)
brauchen trotzdem zusätzlich eine
Schattierung.

Die brauchen wir auch (in Ergän-
zung zur Lüftung), um allzu hohe
Temperaturen zu vermeiden. Je nachdem, welcher Zweck im Vordergrund

steht, ist an eine Außen- oder Innenschattierung zu denken. Die Außenschattierung hat den Vorteil, daß sie die Hitze gar nicht erst hereinläßt. Eine Innenschattierung dagegen ist nicht der Witterung ausgesetzt und hält daher länger.

Wie auch immer die Schattierungseinrichtung aussieht (von der Schilfmatte auf dem Dach bis zur raffinierten Jalousiemechanik unterm Dach), sie kann immer auch noch einem zweiten guten Zweck dienen: In kalten Nächten trägt sie merklich zur Wärmedämmung bei.

Für eine einfache, oft verwendete Art der Schattierung gilt letzteres allerdings nicht, nämlich für den Kalkanstrich.

Eine Außenschattierung ist viel wirksamer, aber auch stärker der Witterung ausgesetzt, als eine Innenschattierung.

Elektrizität

Wer nicht Fachmann ist, sollte von der Installation die Finger lassen, denn die Verbindung von Feuchtigkeit und elektrischem Strom, wie sie im Treibhaus gegeben ist, kann verhängnisvoll sein, wenn nicht sachgemäß verlegt wird.

Dazu bedarf es zuvor der Überschlagsrechnung, welche elektrisch betriebene Geräte (Lampen, Heizung, Regler, Ventilatoren) maximal gleichzeitig in Betrieb sein werden. Hier sollte man nicht zu knapp kalkulieren, da die Industrie ständig neue Produkte anbietet, und man vielleicht doch einmal Zusatzgeräte einsetzen möchte. Andererseits wird dabei auch gerne übertrieben und manche Möglichkeit der stromlosen (mechanischen oder biologischen Technik) bleibt aus mangelnder Kenntnis ungenutzt! Grundsätzlich soll ja das Gewächshaus ein Ort der Nutzung von regenierbarer Energie sein und nicht ein Ort der Energievergeudung.

Wenn der Verbrauch bekannt ist, werden danach sowohl der Kabelquerschnitt, als auch die Anzahl der Steckdosen und Anschlüsse berechnet, die Verlegung geplant und die Sicherungen bemessen. Sowohl die fest verlegten, als auch die lose liegenden Leitungen müssen feuchtigkeitsgesichert und nach VDE geerdet sein. Die sachgerechte Ausführung kann nur vom Elektrofachmann durchgeführt werden.

In diesem Zusammenhang muß auch noch einmal auf die elektrische Erdung des Fundaments hingewiesen werden, an die auch die Metallteile des Aufbaus angeschlossen werden können. Auch hierzu den Fachmann befragen! Steckdosen sind ebenfalls durch Federklappen feuchtigkeitsgeschützt; zerbrochene Teile müssen umgehend erneuert werden.

Das Kleingewächshaus

Beleuchtung

Für Kleingewächshäuser reichen zur Beleuchtung nächtlicher Pflegemaßnahmen meist zwei 40-Watt-Glühbirnen, wobei die modernen, stromsparenden, langlebigen Leuchtstoffsysteme, z. B. Leuchtstoffröhren, bevorzugt werden sollten. Wer ein temperiertes Gewächshaus oder gar ein Warmhaus besitzt, kann dieses Mehr an Wärme nur mit einem Mehr auch an Licht voll nützen.

Die Tageslänge spielt aber für die meisten Pflanzen eine noch wichtigere Rolle, als die Lichtintensität. Im Band »Blühende Zimmergärten« dieser Reihe, bin ich darauf ausführlich eingegangen. Um es hier kurz zu machen: Damit Pflanzen nicht »schießen« (vergeilen) brauchen Sie vielfach mehr Licht, als ihnen unser knapper Achtstunden-Naturtag im Winter zu bieten vermag. Auch Blüten und Früchte werden bei vielen Exoten nur dann gebildet, wenn wir mit Kunstlicht nachhelfen.

Zur Verlängerung des Tages (im allgemeinen auf 12 Stunden) brauchen wir also im beheizten Gewächshaus unbedingt eine ausreichend helle und mit Schaltautomatik versehene Zusatzbeleuchtung. Da grüne Pflanzen die bläulichen und rötlichen Anteile des Spektrums bevorzugt absorbieren, kann man sich Stromkosten sparen, wenn man entsprechende Leuchtstoffröhren (mit den Nummern 22, 25, 32, 33 und 36) installiert. Ihr Licht ist etwas violett-rötlich.

Verglichen mit der Sonne sind unsere künstlichen Lichtquellen im allgemeinen »trübe Funzeln«. Bis wir den Pflanzen die nötige Lichtintensität von 5000–10 000 Lux bieten können, müssen wir schon kräftig Strom zapfen. Mit normalen Birnen wird das oft schon zu heiß, da man ja auch nah heran muß. (Die Lichtintensität nimmt mit dem

Quadrat der Entfernung ab.) Nur die kühlen Leuchtstoffröhren lassen sich genügend nah (ca. 60 cm) über die Blätter hängen. Die Lichtstärke der sehr viel helleren Hochdruck-Quecksilber- und Natrium-Dampflampen reichen hingegen auch noch über eine Entfernung von 100–150 cm. Da sie mit Gleichstrom betrieben werden müssen, braucht man für sie ein Vorschaltgerät.

Meßgeräte

Notwendige Instrumente zur Klimakontrolle im Gewächshaus sind Boden- und Luft-Thermometer (Mini-

42

Sehr geeignet für die Beleuchtung von Gewächshauspflanzen sind Quecksilberhochdruckleuchten. Zum Arbeiten am Abend genügen normale Glühbirnen.

max-Thermometer), sowie ein Außenthermometer, mit dessen Hilfe die Temperaturdifferenz ermittelt werden kann.

Thermostatabhängige technische Einrichtungen arbeiten mit eigenen Meßfühlersystemen, deren Werte sich aber nur auf den internen Regelkreis beziehen. Die Temperatur in der Nachbarschaft kann davon abweichen, sie muß durch örtliche Messung festgestellt werden.

Die Luftfeuchtigkeit wird durch ein Hygrometer gemessen, welches die relative Wassersättigung der Luft in Prozentwerten angibt. Die relative Luftfeuchte sollte etwa 2–3 mal so hoch wie die Temperatur sein. Beispiel: Bei 20 °C sollte die relative Luftfeuchte 40–60% betragen.

Feuchtigkeit erzeugt Verdunstungskälte; ein Liter Wasser bindet fast 3000 KJ an Energie. Das ist für Pflanzen (wie auch für uns) eine wichtige Möglichkeit der Temperaturregulation. Es gibt Luftbefeuchter, die mit einem Hygrometer gekoppelt sind und bei trockener Luft Wasser vernebeln.

Künstliche Beleuchtung und automatische Schattierungen können auch über Schaltuhren und Photozellen gesteuert werden, so daß das Kleingewächshaus schließlich fast allein arbeitet. Geeignet sind auch zusätzliche Dämmerungsschalter, die schon bei trübem Himmel die Zusatzbeleuchtung ein- und ausschalten. Ventilatoren können ebenfalls an Thermofühler und Hygrometer gekoppelt werden.

Heizung

Verantwortliche Menschen (und wer möchte nicht dazu gehören) vertreten den einleuchtenden Standpunkt, daß wir uns heute – angesichts der globalen Umweltprobleme – nicht mehr jeden Luxus leisten dürfen, auch wenn wir ihn bezahlen können. Bereits die Herstellung eines Gewächshauses (Glas, Kunststoffe, Aluminium) verbraucht viel Energie und Rohstoffe und belastet die Umwelt (Aluminiumschlämme, Abgase, verschmutztes Wasser). Ich kann Ihnen keine detaillierte Bilanz vorlegen, wie sich die Vorteile einer umweltschonenden Nahrungsproduktion im Kalthaus zu diesen »Vorkosten« verhalten.

Bereits an den Be- und Entlastungen Ihres Geldbeutels läßt sich aber ablesen, daß der Gewinn nicht sonderlich groß sein kann – wenn es denn überhaupt einen gibt: Bis sich die – sagen wir – 2000 DM für Ihr Kleingewächshaus durch Einsparungen beim Kauf von Paprika und Tomaten wieder amortisiert haben, müssen sehr viele Jahre vergehen. Und die ökologischen Kosten sind dabei (auf beiden Seiten) noch nicht berücksichtigt.

Ganz sicher aber wird die Bilanz negativ, wenn wir anfangen Gewächshäuser zu beheizen. Solchen Luxus können wir allenfalls noch durch die Vermeidung anderer Formen von Luxus rechtfertigen: Wer zugunsten seines Gewächshauses auf den Wochenendausflug mit dem Auto verzichtet, der kann dafür schon eine ganze Weile heizen.

Ich will Ihnen keineswegs die Freude am beheizten Gewächshaus nehmen (sonst hätte ich dieses Buch nicht schreiben dürfen). Aber wir müssen uns nun einmal daran gewöhnen, daß wir so unbeschwert nicht mehr drauflos leben und genießen können. Zumindest sollten wir uns über die Folgen und Zusammenhänge unseres Tuns und Lassens Gedanken machen – Gedanken, die über unseren Gartenzaun hinausgehen.

Das Kleingewächshaus

Energie sparen

Aus diesen Gründen möchte ich an den Anfang dieses Kapitels einige Überlegungen stellen, wie man rohstoffzehrende und umweltbelastende Energieaufwendungen vermeiden kann. Das Gewächshaus sollte uns ja gerade einen Weg zur umweltverträglichen Sonnenenergienutzung weisen.

Leider werden wir dabei entdecken, wie schwierig es ist, den Überschuß an Wärme, den wir im Sommer durch Lüftung und Schattierung aus dem Fenster werfen, für den Winter zu konservieren. Die lebende Natur macht das nicht sehr effizient, aber kostenlos und umweltharmonisch, durch den Aufbau organischer Stoffe – die wir dann verbrennen können. Wenn wir Wärme technisch-physikalisch über längere Zeit speichern wollen, dann geht das nur mit großem Aufwand. Etwa mit gut isolierten, riesigen, unterirdischen Wassertanks und Wärmepumpen. So etwas lohnt sich heute noch nicht – zumindest marktwirtschaftlich nicht.

Wir können allerdings mit relativ einfachen technischen Mitteln für eine kurzfristige Wärmespeicherung sorgen, die einen Ausgleich zumindest der täglichen Temperaturschwankungen schafft. Mit entsprechenden Speichermassen können wir einen Teil der tagsüber aufgenommenen Wärme nachts wieder abgeben, so daß auch bei Außentemperaturen unter dem Gefrierpunkt im Gewächshausinneren die Temperatur nicht unter 5° oder sogar 10 °C absinkt. Als Speichermassen werden z. B. in den USA bevorzugt große (200 Liter) Ölfässer verwendet, die mit Wasser gefüllt und schwarz angestrichen werden. Eine dicke, nach außen isolierte Steinmauer auf der Nordseite oder ein entsprechender Stein- oder Be-

tonboden wirken in ähnlicher Weise. Man sollte darauf bereits beim Bau achten.

Wenn Sie Ihr Gewächshaus ans Wohnhaus anlehnen, dann haben Sie »von Haus aus« einen gewissen Ausgleich der Temperaturschwankungen von Tag und Nacht. Ist das Wohnhaus im Winter geheizt, profitiert das angelehnte Gewächshaus davon und Ihre Heizung auch, da die direkte Wärmeabstrahlung nach außen durch das Gewächshaus verzögert wird.

Schwarze, mit Wasser gefüllte Schläuche speichern die Sonnenwärme tagsüber und geben sie nachts langsam an Boden und Pflanzen ab.

Schließlich seien Sie auf die Möglichkeiten hingewiesen, das Gewächshaus mit Sonnenkollektoren zu verbinden. Die amerikanischen Wasserfässer im Gewächshaus sind ja nichts anderes als eine primitive Form dieses Systems. Im Gewächshaus sind sie aber doch sehr platzraubend. Wie wäre es dagegen mit einem kommerziellen (oder auch selbstgebauten) Kollektor auf dem Hausdach? Der liefert immerhin auch im Winter meist genügend Wärme für ein temperiertes Haus. In Notfällen kommt man dann mit einer einfachen elektrischen Zusatzheizung aus. Sie sollten das mit einem einschlägig erfahrenen Installateur besprechen.

Eine pfiffige Kombination von schwarzen Tonnen à la USA und Kollektor auf dem Dach ist der Beta-Solar-Wärmespeicher der Firma Beckmann. Schwarze Folienschläuche mit einem Durchmesser von knapp 10 cm werden in geringen Abständen auf die Gewächshausbeete gelegt und mit Wasser gefüllt. Das Wasser erwärmt sich tagsüber und gibt nachts seine Wärme unmittelbar an die Pflanzenumgebung ab. Viele Gewächse sind für solcherart »gewärmte Füße« sehr dankbar. Ähnliche Wirkung hat übrigens eine dicke Mulchschicht aus Rindenabfällen.

Es gibt aber auch bei konventionellen Heizungen eine Reihe von einfa-

Wer im Winter die Sonnenwärme unter Glas einfangen will, muß dafür sorgen, daß kein Schnee auf dem Dach liegt. Nachts wäre eine Wärmeisolation allerdings erwünscht.

chen Möglichkeiten Energie zu sparen. Ein technisch effizientes, den Gegebenheiten angepaßtes Heizsystem ist auf jeden Fall die Voraussetzung. Darüber hinaus ist seine gute Instandhaltung ebenso wichtig, wie eine optimale Isolation. Und optimal heißt: ausgewogen zwischen Aufwendung (Kosten) und Wirkung (Einsparung).

Zur Instandhaltung gehört etwa die regelmäßige Säuberung der Öfen und Rohre, die Kontrolle der Kontrollgeräte, auch die ständige Überprüfung der Isolierungen und des gesamten Bauzustandes. Ein verrußter, falsch brennender Ofen, verkalkte Warmwasserleitungen, ein klemmender Thermostat, eine nasse Isoliermatte und Ritzen, durch die der Wind pfeift, sind Sünden nicht nur ökonomischer, sondern auch ökologischer Art.

Wärmedämmung

Das Thema Isolierung (Wärmedämmung) spielt für das Energiesparen eine so wichtige Rolle, daß wir ihm hier einen eigenen Abschnitt widmen wollen. Bereits in der einleitenden Materialkunde wurde auf Isolierverglasungen, Stegdoppelplatten, Kunststoffabdeckungen von Metallprofilen und anderes hingewiesen, was das allzu rasche Entweichen der eingefangenen Sonnenwärme sowie der teuren Heizwärme zumindest verlangsamt.

Bei der Wärmedämmung im Gewächshaus geht es einmal um eine Isolierung des Hauses selber, zum anderen aber auch um die eventueller Zuleitungen für Wärme. Bereits eine kurze Verbindung zwischen Zentralheizung und Gewächshaus kann böse Verluste bringen, wenn sie nicht nach allen Regeln der Kunst isoliert wurde. Sorgen Sie also im Fall einer »Fernheizung« dafür, daß die Leitungsrohre mit dicken Rohrschalen aus Schaumstoff umgeben und vielleicht

zusätzlich noch in einem Bett mit Styromull verlegt werden.

Die große Oberfläche des Gewächshauses selber birgt natürlich die meisten Gefahren für Wärmeverluste. Im Gegensatz zu Wohnhäusern können wir hier den sogenannten k-Wert (Wärmedurchgangskoeffizienten) nicht so ohne weiteres, z. B. durch dicke Wände, herabsetzen. Wir brauchen ja die möglichst große Lichtfläche. Und bekanntlich sind Fenster in Häusern auch immer der Ort größter Wärmeverluste. Mit Isolierverglasung und Stegdoppelplatten können wir aber doch einen recht hohen Grad an Isolierung erreichen.

Einem allzu großen Perfektionismus in dieser Richtung sind enge Grenzen gesetzt. Ein nach außen »hermetisch« abgeschlossenes Ge-

wächshaus entwickelt eine »Treibhausatmosphäre« mit hoher Luftfeuchtigkeit, geringer Luftbewegung und womöglich sinkenden Kohlendioxidwerten (Pflanzen brauchen ja CO_2 zur Assimilation), was für die Gesundheit vieler Arten nicht unbedingt zuträglich ist (Pilzkrankheiten usw.). Außerdem: Je dicker die Isolierschicht, z. B. durch Mehrfachverglasung, desto geringer ist die Lichtausbeute.

Sehr viel mehr kann man gegen Wärmeverluste im Bodenbereich tun. Und gerade daran denken viele nicht. Eine gute Isolation der Fundamente ist besonders wichtig. Hier empfehlen sich feuchtebeständige Styrofoamplatten innen und außen sowie eine dikke Kiesschüttung außen. Wenn der Boden nicht zur Bepflanzung verwen-

det wird, kann man mit einer dicken Rindenmulchschicht einen warmen Teppich schaffen.

Mehr als bei der konstruktiven Wärmedämmung kann man auch beim reinen Winterschutz tun. Wenn das Gewächshaus hauptsächlich als Winterquartier für Topf- und Kübelpflanzen genutzt wird, kommt es auf etwas reduzierte Lichtmengen nicht so an. Wir können daher im Winter die Kosten für eine Frostschutzheizung erheblich senken, wenn wir innen durchsichtige Folien unter die Glas- oder Acrylflächen spannen. Je dichter diese Winterpackung, desto wirksamer. Es gibt spezielle Klemmvorrichtungen für die Montage. Besonders effektiv ist Luftpolsterfolie. Sie sollte dreischichtig, großnoppig und UV-stabilisiert sein. Dann läßt sie sich mehrere Jahre verwenden. Man kann sie innen oder außen anbringen. Mit solchen »Wintermänteln« – die es übrigens auch fertig zugeschnitten als große Haube übers Gewächshaus gibt – lassen sich die Energiekosten um ein Drittel senken.

Ich möchte an dieser Stelle noch einmal auf die bereits erwähnte Kombination von Schattierungseinrichtungen und Wärmedämmung hinweisen. Zwei Drittel der Wärmeverluste (Heizkosten) entstehen nachts. Dagegen können wir auch lichtundurchlässige Materialien als Kälteschutz einsetzen. Strohmatten, Decken, Säcke – alles mögliche können wir in kalten Nächten über unser Gewächshaus decken. Nur ist das recht mühsam, wenn es über längere Zeit Tag für Tag erforderlich ist. Da sind fest installierte Schattierungseinrichtungen wesentlich bequemer. Da sie meist auf die Dachflächen beschränkt sind, ist freilich ihre Wirkung nicht mit der »umfassender« Folienhüllen zu vergleichen.

Mit untergehängter Noppenfolie kann man im Winter viel Wärmeverluste vermeiden, ohne die Lichtmenge wesentlich zu verringern.

Das Kleingewächshaus

»Fernwärme«

Schon bei der Wahl des Standortes sollten Sie entschieden haben, ob und wie Sie Ihr Gewächshaus heizen wollen: mit Strom, Gas oder im Verbund mit der Zentralheizung des Hauses. Denn es ist wenig sinnvoll, ein vom Wohnhaus entferntes Gewächshaus an die Zentralheizung anzuschließen.

Wie ich schon sagte, empfiehlt es sich, die Warmwasserheizung des Wohnhauses auch zur Heizung des Gewächshauses einzusetzen. Der Vorteil besteht darin, daß man keine zusätzliche Heizanlage braucht, und die Verlegung der Leitungen keine besonderen Schwierigkeiten bereitet. Voraussetzung ist, daß das Glashaus nicht weiter als 5–10 m vom Wohnhaus entfernt steht, da bei langen Zuleitungen viel Wärme verloren geht, auch wenn man gut isoliert.

Bei der Planung der Gewächshausheizung sind die Investitionskosten gegen die Betriebskosten abzuwägen. Wie so oft bei solchen Entscheidungen: Je mehr wir anfangs hineinstecken, desto sparsamer können wir später im Betrieb sein. Dies gilt nicht nur für die Art der Heizung, sondern vor allem auch für die Güte der Isolierung. Das Angebot an Gewächshausheizungen reicht vom schlichten Petroleumofen bis zur ausgefuchsten Solaranlage.

Dabei müssen wir aber den Zweck im Auge behalten. Ein aufwendiges Heizsystem und eine teuere Isolierung lohnen sich natürlich nicht, wenn man nur in der Übergangszeit ein bißchen temperieren möchte. Bei einem auch im Winter tropisch warmen Pflanzenparadies hingegen kann sich jede anfangs gesparte Mark später mit hohen Kosten rächen.

Eine in der Installation billige, im Intensivbetrieb aber teure Heizung ist die Elektroheizung. Sie ist besonders bequem, wo es etwa darum geht, nur gerade Frost zu verhindern. Denn Elektroheizungen reagieren mit ihren Thermostaten besonders empfindlich und schalten nur im Notfall ein. Ihre Installation ist kinderleicht. Für kleine Gewächshäuser reicht schon ein einfacher Heizlüfter mit 2000 Watt. Ein Gebläse ist aber nicht unbedingt erforderlich, obwohl man es im Sommer (ohne Heizung) auch ganz gut zur Belüftung verwenden kann.

Im unteren Bereich seitlich angebrachte Heizrohre sorgen für eine günstige Temperaturverteilung im Gewächshaus.

Ob sich der Schritt zur fest installierten Elektroheizung mit Rippenheizkörpern und eventuell angeschlossener Bodenheizung noch lohnt, erscheint mir sehr fraglich. Denn über 4000 Watt sind auf keinen Fall mehr wirtschaftlich (wenn man hier diesen Begriff überhaupt sinnvoll verwenden kann) – und das läßt sich auch noch mit zwei Elektroöfchen bewerkstelligen. Auch wenn Sie Nachtstrom etwas billiger bekommen können: Strom ist und bleibt eine der teuersten Energiequellen – von seinen sonstigen Nachteilen (Abgase der Kraftwerke, Atomprobleme) ganz zu schweigen.

Eine Warmwasserheizung kann von der Zentralheizung des Hauses abge-

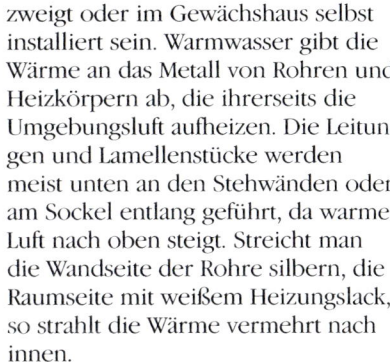

zweigt oder im Gewächshaus selbst installiert sein. Warmwasser gibt die Wärme an das Metall von Rohren und Heizkörpern ab, die ihrerseits die Umgebungsluft aufheizen. Die Leitungen und Lamellenstücke werden meist unten an den Stehwänden oder am Sockel entlang geführt, da warme Luft nach oben steigt. Streicht man die Wandseite der Rohre silbern, die Raumseite mit weißem Heizungslack, so strahlt die Wärme vermehrt nach innen.

Wasser dehnt sich bei Erwärmung aus, so daß an der höchsten Stelle des Rohrsystems ein Ausdehnungsgefäß vorhanden sein muß, welches den Überschuß aufnimmt und rückleitet. Damit das Wasser fließt, verlegt man die Rohre leicht abschüssig (1 cm pro Meter) oder verwendet eine Umwälzpumpe. Rohrleitungen unter den Tischen machen nur dann einen Sinn, wenn man diese fest dort installiert, was der Hobbygärtner seltener tun wird.

Gas-, Öl- und Brikettöfen

Bei Verwendung von Flüssiggas in Flaschen entfällt jede Rohrverlegung vom Wohnhaus her. Wir haben damit die Möglichkeit, eine Warmwasserheizung zu betreiben. Viel einfacher und für ein Kleingewächshaus völlig ausreichend ist jedoch die Verwendung von Warmluft-Gasheizern. Das sind kleine Öfchen, die als Allgasheizer auch mit Erdgas betrieben werden können. So ein Öfchen braucht außer der Verbindung zur Gasflasche keine Zu- und Ableitung – also auch kein Ofenrohr. Zu- und Abluft kommen und gehen durch Lüftungsschlitze ins Freie. Ein Thermostat sorgt in Verbindung mit elektronischer Zündung und Flammenüberwachung für wartungsfreien Betrieb und sichere Temperaturregulation.

Das Kleingewächshaus

Bodenheizung

Die Raumheizung kann neben der Möglichkeit seitlich angebrachter Rohre und Heizkörper auch vom Boden aus oder ergänzt durch eine Vegetationsheizung erfolgen. Bodenheizung hat nur bei entsprechend isolierten Estrichböden in Wintergärten Sinn, nicht wenn Erdreich den Boden bildet, es sei denn, man verlegt rings um die Pflanzen selbst gerippte Rohre aus Kunststoff, die man mit 50 °C warmem Wasser beschickt. Dadurch wird nicht der Raum beheizt, sondern die Pflanzen selbst erhalten Wärme aus nächster Nachbarschaft (= Vegetationsheizung).

Kunststoffrohre dehnen sich aus, wenn sie erwärmt werden, müssen also genügend Raum zur Verfügung haben. Man kann sie frei auf spezielle Stützklammern setzen, so daß Dehnungsbewegungen nicht stören.

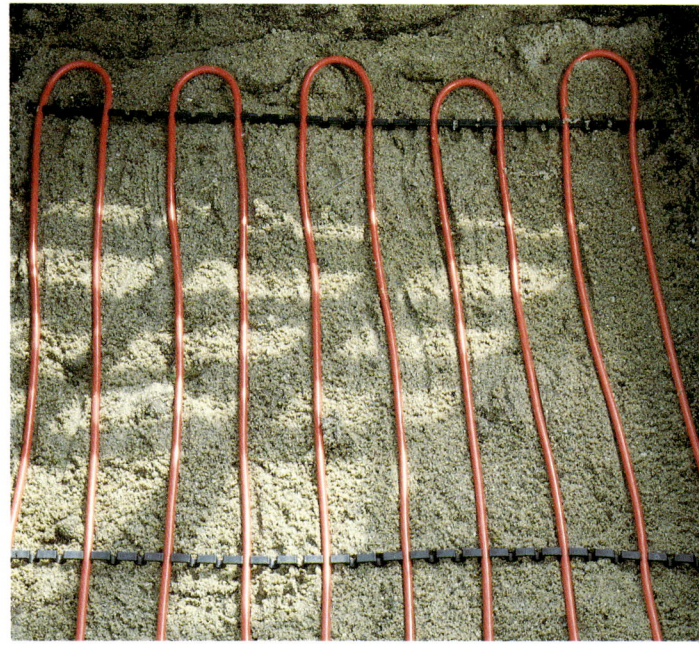

◁ Im Boden verlegte Heizschlangen bringen die Wärme direkt dorthin, wo sie am meisten gebraucht wird.

Echte Bodenheizungen gibt es für Frühbeetkästen, sowohl in Warmwasser- als auch in elektrischer Ausführung. Die Wassertemperatur beträgt ungefähr 40–50 °C was zu einer Bodenerwärmung auf etwa 25 °C führt.

Die Rohrleitungen werden eng gehalten (ca. 2 cm Durchmesser), Umwälzpumpen verhindern zu große Wärmeverluste zu Beginn der Rohrführung. Befragen Sie einen Heizungsbauer!

Wird während des Frühjahres eine zusätzliche Erwärmung der Frühbeete gewünscht, so können elektrisch aufheizbare Maschendrähte oder eingelegte Heizschlangen die Kästen selbst erwärmen. Plastikisolierte Kabel können direkt ans Netz angeschlossen werden, der Maschendraht wird über Transformatoren betrieben, da nur 5 Volt Spannung benötigt werden.

Wenn auch der Kamin keine Schönheit ist, so kann doch eine thermostatgesteuerte Ölheizung durchaus zweckmäßig sein.

◁◁ Ein einfaches Gasöfchen stellt eine unkomplizierte und saubere Heizung dar.

◁ Als Frostwächter mögen Elektroheizungen noch hinnehmbar sein; für Dauerheizung ist diese Energiequelle zu kostspielig und umweltproblematisch.

Das Gewächshaus
für den »kleinen Mann«

Folientunnel

Das einfachste und billigste »Gewächshaus« ist der Folientunnel. Er bietet deutlich bessere Wachstumsbedingungen als das Freiland oder direkt über die Pflanzen gebreitete Loch- und Schlitzfolien. In ihrer Wirkung stehen Folientunnel festen Frühbeeten kaum nach. Je nach Konstruktion sind sie ja auch eine moderne Form des »kalten Kastens« oder des »Wanderkastens«, von denen noch kurz die Rede sein wird.

Die praktischste Größe für einen Folientunnel ist der Halbkreis über einer Beetbreite, also ein Tunnelbogen von 120–130 cm Breite und etwa 60 cm Höhe. Viele Tunnel werden zu klein angelegt, so daß die Pflanzen bald die Folienwand berühren, was leicht zu Verbrennungen führt.

Das Grundprinzip des Folientunnels ist ein Gestell aus Metallbögen, über das eine einfache oder besser noch gelochte PE- oder PVC-Folie gezogen wird. Das Gestell kann auch aus Holz sein, wobei dann rechtwinklige Formen geeigneter sind. In jedem Fall muß dafür gesorgt werden, daß der Tunnel auch belüftbar ist.

Die einfachste Konstruktion im doit-yourself-Verfahren besteht aus 2,50 m langen und 3–5 mm starken Drähten oder Stäben, die, zum Halbkreis gebogen, zu beiden Seiten des Beetes etwa 20 cm tief in den Boden gesteckt werden. Die Abstände zwischen den Bögen sollten etwa 100–150 cm betragen. Entsprechend abgemessene Folie wird mit Folienklammern an den Bügeln befestigt, die Enden zusammengerafft

Aus alten Sprossenfenstern und einem zusammengenagelten Foliendach besteht dieser Eigenbau.

und mit einem Stein auf dem Boden fixiert. Zur Belüftung können zunächst nur die Enden geöffnet und hochgeschlagen werden. Später, wenn die Pflanzen mehr Luft brauchen, kann man an heißen Tagen zusätzlich die Seiten hochschieben. Lochfolien verhindern auch hier Überhitzung und Windschäden.

Man kann für seinen Tunnel einen festen Standort an einer sonnigen Stelle des Gartens wählen und dort z. B. Betonsockel einlassen, auf denen bei Bedarf das Gestänge für die Befestigung der Folien errichtet wird. Solche Systeme sind komplett im Handel zu haben. So lassen sich recht stabile Saison-Gehäuse erstellen, die schon fast kleine Gewächshäuser bilden, wenn man sie mit Quergestängen stabilisiert und entsprechend großzügig anlegt.

Das Gegenstück hierzu sind kurze Wandertunnel. Sie lassen sich bei Bedarf öffnen oder ganz abheben. Eine einfache und praktische Konstruktion besteht z. B. aus einem Holzrahmen, der Doppelbügel aus kunststoffbeschichteten Drähten oder Gestängen trägt. Dieser Rahmen umgibt das Beet, so daß die Bügel sich darüber spannen. Verlegt man nun die Folie so, daß sie jeweils über den einen Bogen läuft und unter dem benachbarten Bogen durchgezogen wird, so ergibt das eine Art Schienung, in der man die Folie bei Bedarf hochschieben und raffen kann (»Platina-Tunnel«).

Eher zeltförmig ist ein käufliches System (»Engels Kombi«), über dessen dachförmige Metallbügel die Folienabdeckung jalousieartig bewegt werden kann. Die Seitenwände sind fächerartig entfaltet und am Scheitelpunkt befestigt. Unter der Folienhaut können zusätzlich Vogelschutznetze

Das Gewächshaus für den »kleinen Mann«

Zwischen doppelten Spannbügeln läßt sich die Folie festklemmen; mit Wäscheklammern wird gelüftet.

befestigt werden, so daß das Beet auch offen stehen kann, ohne von Amseln oder Spatzen »gerupft« zu werden.

Ein anderes, sehr praktisches Modell sind Gestelle, auf denen die Folien fest angebracht sind. Das Gestänge aus zwei umgekehrt U-förmigen Seitenrahmen ist in einem Stück mit den bodenberührenden Längsstreben geführt und trägt die Tunnelhaube frei (»Schumm-Folientunnel«). Diese leichte Konstruktion kann als Ganzes abgehoben oder hochgestellt werden und bedarf keines Sockels. Die Folie wird hierbei weder geknickt, noch verschrammt.

Fast ebenso einfach lassen sich flach- oder satteldachartige Holzrahmen herstellen, die mit Folien bespannt komplett über die Beete gesetzt werden. Die Folie wird an den Rändern umgeschlagen und mit rostfreien Heftklammern befestigt. Man schießt diese mit einem Tacker durch einen aufgelegten festeren Plastik- oder Gummistreifen oder klemmt die Folienränder unter Leisten fest. Eine

einfache Nagelung der Folie reicht nicht, da die Befestigungsstelle bei windbedingtem Flattern einreißt. Obgleich Latten von 3 × 2 cm Kantenmaß für solche Folienrahmen genügen, sind größere Gestelle nicht ganz leicht und benötigen Platz zur Aufbewahrung. Andererseits erspart das Gewicht eine zusätzliche Bodenverankerung.

Über stabilen Profilbögen wird Noppenfolie gespannt, die an Dachlatten befestigt ist und daran aufgerollt werden kann.

Ein solches Schutzdach ist die Vorstufe zum Frühbeet. Sie setzen es nach Bedarf über ein Saatbeet oder vorgezogene Pflänzchen, die noch Schutz vor der kalten Frühjahrsluft brauchen. Im Sommer können Sie die Tunnel im Schuppen verschwinden lassen, um sie vor dem ersten Frost wieder herauszuholen und sie dem Endivien- und Feldsalat überzustülpen.

Das ortsfeste Frühbeet hat seine Vor- und Nachteile; ein hoher Sockel erschwert das Arbeiten.

Das Frühbeet

Wer nicht alle paar Jahre seine Folientunnel erneuern will und den Garten nicht nur zum Nutzen sondern auch zur Zierde bestellt, der dürfte ein festes Frühbeet den Folientunneln vorziehen.

Zunächst gilt es einmal zu unterscheiden und für Sie zu entscheiden, zwischen kaltem und warmem Frühbeet. Das kalte Frühbeet macht nur vom Treibhauseffekt der eingefangenen Sonnenstrahlung Gebrauch. Dabei erwärmt sich tagsüber vor allem die Luft und nur die oberste Schicht des Bodens. Nachts kühlt so etwas rasch wieder ab, wenn man es nicht dick abdeckt. Das warme Frühbeet dagegen wird zusätzlich von unten her beheizt, herkömmlicherweise als Mistbeet, neuerdings aber auch mit elektrischer Heizung oder mit Warmwasserheizung (in Verbindung mit der Zentralheizung oder auch mit Sonnenkollektoren).

Abgesehen von der größeren Tiefe eines Mistbeetes ist die Konstruktion von kalten und warmen Frühbeeten gleich. Wichtig ist zunächst einmal, daß Sie für Ihr Frühbeet einen sonnigen, windgeschützten Platz finden. Das Frühbeet wird nach Süden orientiert, um die kostbare Frühlingssonne möglichst intensiv zu nutzen. Aus diesem Grund (und damit Regenwasser ablaufen kann) werden die Fenster schräg gestellt, indem wir die Rückwand 15 bis 25 cm höher machen als die Vorderwand.

Am einfachsten und billigsten ist ein Frühbeetkasten aus Holz. Wobei man möglichst wieder harzreiches Kiefernholz, alte Eichenbretter oder auch Robinienholz verwenden sollte. Zimmern Sie sich einen Kasten aus 3 cm starken Brettern und 8 × 8 cm starken Kanthölzern. Die Kanthölzer sollten bis auf die Sohle des 50 cm tiefen Frühbeetes reichen.

Bei einer Höhe von vorne 25 cm und hinten 45 cm sind die vorderen Kanthölzer also 75 cm und die hinteren 90 cm lang. Sie schrauben oder nageln die Seitenbretter so an die Pfosten, daß die Bretter hinten und vorne 3 cm überstehen. Hier werden die hinten höheren Giebelseiten eingepaßt. Behandeln Sie das Holz mit einem pflanzenverträglichen Imprägniermittel. Als Auflagen für die Fenster setzen Sie im entsprechenden Abstand Streben ein, die Sie mit Stechbeitel und Holzhammer in die Kastenwand einpassen.

Frühbeete aus Beton sind sicherlich am stabilsten. Wenn sich Moos und Flechten an den Wänden angesetzt haben, fügen sie sich auch recht harmonisch in den Garten ein. Ein Frühbeetkasten aus Ortbeton, der also an Ort und Stelle in eine Schalung gegossen wird, ist aber sicher für die meisten Hobbygärtner zu mühsam und zeitraubend. Man sollte daher beim Baustoffhandel nach entsprechenden Fertigteilen aus Beton fragen. Sie brauchen im allgemeinen im Boden nur lose eingelassen zu werden.

Frühbeetfenster

Die Fenster für ein Frühbeet sind in der Regel 100 cm breit und 150 cm lang. Wir haben all die Wahlmöglichkeiten, die uns auch bei der Gewächshausverglasung offenstehen (siehe Materialkunde). Gewöhnliche Glasfenster in Holzrahmen landen oft auf dem Sperrmüll, wenn Häuser auf Isolierfenster umgerüstet werden. Das Holz braucht aber Pflege und die Fenster können zu Bruch gehen, wenn mal ein Ball hart darauf landet. Deswegen ist es besser, Sprossenfenster

So eignet sich der Frühbeetkasten auch für die Kultur von Paprika – nur müssen die Fenster gut sturmgesichert sein.

Das Gewächshaus für den »kleinen Mann«

Geisterhand – Lüftungsklappen oder Lamellen bei Erwärmung heben und bei Abkühlung senken. Ihr Geheimnis beruht auf Druckzylindern, die mit einem Spezialwachs gefüllt sind, das sich (wie ein Quecksilberthermometer) bei Erwärmung ausdehnt und bei Kälte zusammenzieht. Diese Bewegung wird auf die Öffnungsmechanik übertragen. Eine Zugfeder unterstützt das Schließen. Das System ist mehrere Jahre praktisch wartungsfrei; undicht gewordene Druckzylinder können ohne Schwierigkeit ausgetauscht werden.

Wir brauchen also nicht mehr ständig auf der Hut zu sein, daß es unseren Pflanzen nicht zu heiß oder zu kalt wird. Für Berufstätige, die erst nach Hause kommen, wenn die Sonne schon über den Berg ist, ist dieses System eine geradezu unerläßliche Lösung des Problems.

Das warme Frühbeet

Die Vorteile eines warmen Frühbeetes liegen auf der Hand: Man ist von sonnenarmen Tagen noch unabhängiger und kann noch früher im Jahr beginnen. Nachteil: Ein Mistbeet macht doch recht viel Mühe, und eine andere Beheizung ist mit Kosten und Energieverbrauch verbunden.

Für ein Mistbeet müssen wir eine 50 cm tiefe Grube ausheben. Der Kasten kann ebenso tief in den Boden ragen. Es genügt aber, wenn er nur 10 cm tief in die Grube reicht und im übrigen auf entsprechend langen Eckpfosten steht.

Die Wärme wird durch »biologische Verbrennung« (= mikrobiellen Abbau = Verrottung) organischer Substanz durch Mikroorganismen erzeugt. Entscheidend dafür ist ein genügend großer Vorrat an stickstoff- und kohlenstoffreicher Bakteriennahrung sowie ausreichend Sauerstoff

Wesentlich leichter und sicherer sind Lamellenfenster zu handhaben – am besten mit automatischer Belüftung.

zu verwenden, dann ist der Schaden nicht so groß.

Kunstglasscheiben in feuerverzinktem Eisen- oder in Alurahmen sind bruchsicher, leicht zu heben, und sie brauchen keine Pflege. Stegdoppelplatten bieten zusätzliche Wärmedämmung.

Da gerade im frühen Jahr das Wetter rasch wechselt, und das geringe Volumen eines Frühbeetes Temperaturschwankungen nur sehr wenig ausgleichen kann, muß man ständig auf dem Sprung sein. Die Gefahr von Kälteschäden bei geöffneten Fenstern ist bei Jungpflanzen ebenso groß, wie das Risiko von Überhitzung, wenn bei geschlossenen Fenstern die Sonne einige Stunden scheint. Darum ist dringend zu automatischen Fensteröffnern zu raten.

Es gibt seit langem erprobte Fensteröffner, die ohne Strom – wie von

Das Gewächshaus für den »kleinen Mann«

(Luft). Etwas angerotteter, strohreicher Pferdemist eignet sich besonders gut.

Je nach Lage und Witterung beginnt man zwischen Januar und März mit der Packung des Mistbeetes. Den angefahrenen Pferdemist sollte man zunächst zwei bis drei Tage auf lockerem Haufen liegen lassen. Dann füllt man zuunterst in die ausgehobene Grube eine Schicht Laub oder Stroh als Isolierung und bringt anschließend in Lagen den Pferdemist ein. Sollte er zu trocken sein, muß er leicht angefeuchtet werden. Naß darf er aber nie werden, da er sonst (wie Rindermist) zusammensackt und »keine Luft bekommt«.

In dieser lockeren Packung läßt man den Mist drei bis vier Tage liegen, deckt den Kasten tagsüber mit den Fenstern und nachts zusätzlich mit Strohmatten oder Säcken ab. Das Ganze soll sich zunächst durch und durch erwärmen. Erst dann treten wir die Mistpackung fest und füllen bis 20 cm unter die vorgesehene Beetoberfläche neuen Mist nach.

Die Erdschicht sollte aus einer feingesiebten Mischung aus vollständig verrotteter Misterde und Sand bestehen. Zwischen Erdoberfläche und vorderer Kastenoberkante sollte mindestens 10 cm Abstand bleiben; durch Absitzen wird er sich bald auf 15–20 cm vergrößern. Selbstverständlich füllt man die Erde genau waagrecht ein und nicht etwa parallel zur schrägen Abdeckung des Frühbeetes. Wer will, kann sein Mistbeet auch noch von außen mit Mist oder Laub warm einpacken. Nach zwei bis drei Tagen kann mit der Aussaat oder Bepflanzung begonnen werden. Vorher an mehreren Tagen lüften. Der Heizeffekt des Mistes hält 6–8 Wochen an.

Was, wenn kein Pferdemist zu bekommen ist? Selbst auf dem Land ist

er ja Mangelware, denn von Traktoren wird er ja leider nicht produziert. Ersatzmaterialien, auf die wir ausweichen können, sind: Stroh, Laub und Torf. Stroh können Sie schon im Herbst in den Kasten füllen. Übergießen sie es im Frühjahr mit Brennesseljauche. Treten Sie die Packung fest und schichten Sie gute Erde darüber. Auch Torf ist geeignet. 500 Liter Torf reichen für 1½ Fenster. Die Menge wird mit 10 kg organischem Volldünger durchmischt und mit 70 Liter Wasser angefeuchtet. Man breitet den Torf aus und überbraust ihn nochmals mit 30 Liter möglichst warmem Wasser, in dem man 1 kg Zucker aufgelöst hat. Die Temperatur steigt innerhalb von acht Tagen auf 40 °C an. Eine 40 cm dicke Laubschicht wird zwar nur 15–18 Grad warm, sie hält aber bis zu zwei Monate vor. Natürlich kommt über jede dieser Packungen eine 20 cm dicke Schicht gute Gartenerde.

Viel einfacher – wenn auch entschieden weniger ökologisch – ist eine technische Frühbeetheizung. Sofern Ihr Frühbeet nahe am Haus liegt, können Sie sich von jedem Heizungsfachmann einen Ableger Ihrer Warmwasser-Zentralheizung dorthin legen lassen. Das erfordert allerlei technischen Aufwand, einen Dreiwegemischer, eine Pumpe und vor allem eine sehr gute Isolierung, damit nicht die meiste Wärme schon unterwegs verloren geht.

Es gibt auch elektrische Heizungen mit einem Heizkabel, das in Schlingen in die Erde gelegt wird, oder ein mit Strom erwärmbarer Maschendraht, mit dem der ganze Kasten ausgelegt wird. Solche Systeme bekommt man in Gartencentern – oder fragen Sie Ihren Elektriker.

Mir scheint aber, daß auf solche Weise doch ein wenig mit Kanonen

Das Gewächshaus für den »kleinen Mann«

Ein Mistbeet wird gepackt. Zuerst wird der Mist locker eingefüllt. Nach 3–4 Tagen wird festgetreten und gute Humuserde darübergeschichtet. Zuletzt kommen die Fenster aufs Beet – wobei freilich eine schräge Auflage vorteilhafter ist.

auf Spatzen geschossen wird. Eine schöne Nebenwirkung der Selbstversorgung mit (Früh-)Gemüse ist ja, daß wir unsere private Energiebilanz ein klein wenig von den fossilen Brennstoffen zur Sonne hin verschieben. Für jedes Radieschen aus dem Garten brauchen schon weniger Lastwagen durch die Gegend zu fahren.

Vom Handel wird heute eine Vielzahl von Komplett-Frühbeeten angeboten. Das sind für den Hobbygärtner meist kleinere Kästen, die rundum aus Kunstglas sind. Das hat gegenüber den selbstgebauten Kästen aus Holz oder Beton den Vorteil, daß auch durch die Seitenwände Licht einfallen kann. Wenn sie aus Stegdoppelplatten sind, weisen sie außerdem eine gute Wärmedämmung auf. Die Kästen sind so leicht, daß man sie auch als Wanderkästen benutzen kann. Viele Modelle können durch Anbausätze erweitert werden. Ohne technische Einrichtungen (z. B. automatische Belüfter) kostet der Quadratmeter bei einer Kastenhöhe von 30–50 cm zwischen 150 und 200 DM (Stand 1990).

Pflanzen
unter Glas

Nur um sich ein paar Salat- oder Kohlrabipflänzchen für den Gemüsegarten vorzuziehen, die man für wenige Pfennige in bester Qualität bei jedem Gärtner bekommt, lohnt sich nicht einmal der Bau eines Frühbeetes, geschweige denn ein Kleingewächshaus.

Es gibt aber doch mindestens drei gute Gründe, die selbst angesichts eines ganzjährigen Marktangebots der verschiedensten Salate, Gemüse und Obstsorten noch für den Anbau von Nutzpflanzen unter Glas sprechen: die Freude gerade an der Jungpflanzenanzucht, das Wissen wie die Nahrung erzeugt wurde, also etwa garantiert ohne Pestizide, und schließlich die Möglichkeit, bestimmte delikate Sorten anzubauen, die auf dem stark standardisierten Markt nicht zu haben sind.

Wer die Zeit, die Geduld und das Talent hat, auch nur einiges von diesen reichen Möglichkeiten der Unterglaskultur zu verwirklichen, dem wird schnell der Platz in Frühbeet, Kleingewächshaus oder Wintergarten knapp werden.

Vorziehen
von Jungpflanzen

Treibhäuser und Frühbeete erlauben die Aufzucht vieler Gemüsesorten viel früher als das freie Beet im Garten. Manche Gemüse bleiben unter Dach, andere werden nach ihrer Aufzucht in der »Kinderstube« des Gewächshauses ausgepflanzt und gedeihen im

Eine so reiche Tomatenernte läßt sich in unserem Klima nur unter Glas erzielen. Blumen müssen deswegen nicht zu kurz kommen.

61

Pflanzen unter Glas

Freien weiter. Dadurch wird unterm Glas wieder Platz für andere Pflanzen frei.

Im frostfreien Kalthaus kann mit der Aussaat von Salaten und Gemüsen je nach Witterung und Lage schon im Februar, generell aber im März begonnen werden. Nicht der Ehrgeiz, der Früheste im Jahr zu sein, sondern das Ziel, möglichst kräftige und gesunde Jungpflanzen heranzuziehen, sollte darüber entscheiden, wann wir mit der Saat beginnen. Eine Voraussetzung für gesundes, kräftiges Wachstum ist genügend Licht – und damit hapert es in den ersten beiden Monaten des Jahres doch noch manchmal. Auch die nötigen Temperaturen sollten ohne große Heizkosten gewährleistet sein.

Weitere wichtige Bedingungen für einen guten Start ins Gemüseleben sind: ausreichend, aber nicht übermäßig mit Nährstoffen versorgte, humusreiche, lockere Anzuchterden, gleichmäßige Feuchtigkeit und nach dem Keimlingsstadium ein genügender Abstand zwischen den einzelnen Pflanzen. Kurze, gedrungene Jungpflanzen mit kräftig entwickeltem Wurzelsystem müssen das Ziel sein. Nur sie garantieren gesundes Wachstum und reichen Ertrag.

Was die Temperaturen anlangt, so haben da viele Pflanzen spezielle Bedürfnisse. Günstig sind in der Regel recht hohe Aussaat-Temperaturen (über 16 °C) und wieder geringere Grade (6–15 °C) während der Jungpflanzenzeit, wobei ein Wechsel zwischen 10–15 °C tags und 6–10 °C nachts mehr geschätzt wird als eine konstante Temperatur. Dies gilt z. B. für unsere Kohlarten, für Kopfsalat und Kohlrabi.

In der Praxis erreichen wir diese Bedingungen, indem wir die Saatschalen bis zur Keimung in der Woh-

nung halten, oder uns elektrisch beheizbare Anzuchtkästen beschaffen. Über die schwankenden Temperaturen unter Glas wachen ein Heiz-Thermostat, der ein nächtliches Abfallen unter 6 °C verhindert, und ein Lüftungs-Thermostat, der tags eine Überhitzung durch die Sonne verhindert.

Mehr wärmeliebende Gemüsesorten brauchen auch als Jungpflanzen höhere Temperaturen: Porree und Sellerie 14–18 °C, Chinakohl, Einlegegurken, Tomaten und Zucchini 16–20 °C, Salatgurken, Paprika, Auberginen 20–24 °C. Wenn Sie diese Bedingungen nicht bieten können, sollten Sie sich lieber Ihre Jungpflanzen beim Gärtner besorgen.

Auf tischhohen Stellagen unter Glas macht die Jungpflanzen-Anzucht erst richtig Freude.

Ausgesät wird – je nach Menge – in flache Saatschalen aus Kunststoff oder Holz, oder auch in Blumentöpfe. Im allgemeinen sät man zunächst dichter und vereinzelt (pikiert) dann die Keimlinge ein- oder mehrmal. Das Verpflanzen dient auch einem kräftigeren, gedrungenen Wurzelsystem, wenn man bei der Gelegenheit die Hauptwurzel einkürzt.

Bei Aussäen im Freiland erzielt man den rechten Abstand meist durch dünnere Saat und späteres Ausdünnen (Verziehen) zu dicht stehender Pflanzen.

Sinnvollerweise pikieren wir unsere Jungpflanzen gleich in kleine Töpf-

Wärmeliebende Gemüsesorten brauchen hierzulande den Schutz und die Wärme des Gewächshauses.

chen, damit nachher jede mit ihrem eigenen Wurzelballen ausgepflanzt werden kann. Für kleinere Sorten genügen oft Eierkartons. Sehr praktisch sind auch die sogenannten Jiffy-Strips aus Torf oder Multitopf-Anzuchtplatten aus Kunststoff. Die Torftöpfchen werden mit verpflanzt; dadurch wachsen die Pflänzchen sofort weiter, was ihnen gegenüber Pflanzen ohne eigenen Topf einen Vorsprung von mindestens einer Woche gibt. Am besten sind kleine Tontöpfe mit einem oberen Durchmesser von 4–8 cm für Kohlarten und Kopfsalat und 10–12 cm für Tomaten, Gurken, Paprika, Zucchini usw.

Im Gewächshaus oder Frühbeet aufgewachsene Jungpflanzen, die ins Freiland sollen, müssen zuvor durch reichliches Lüften (zuletzt auch nachts) abgehärtet werden. Damit sie keinen »Sonnenstich« bekommen, sollte man möglichst an trüben Tagen auspflanzen – oder aber einige Tage mit einem Gestell und aufgelegten Strohmatten schattieren.

Beim Pikieren und beim Auspflanzen ist auf genügend Wurzelraum zu achten, den man mit einem Pikierholz oder Pflanzholz (heute meist aus Metall) schafft. Bei gedrungen gewachsenen Jungpflanzen ist die Pflanztiefe meist leicht richtig abzuschätzen. Bei »hochbeinigen« mit langem Hypokotyl (Stengel zwischen Wurzel und Keimblättern) sollte man lieber reichlich tief pflanzen. Nie dürfen aber die Blätter in den Boden. Nach dem Pflanzen ist gut festzudrücken und sanft aber nachhaltig mit Wasser einzuschlämmen.

Die artspezifischen Pflanzabstände sollten recht genau eingehalten werden, da zu eng gepflanztes Gemüse schlechte Erträge bringt und gerade im Gewächshaus ein erhöhtes Krankheitsrisiko birgt.

Pflanzen unter Glas

Vitamine für das ganze Jahr

Feldsalat ist frostverträglich und daher auch im völlig ungeheizten Kalthaus und Frühbeet eine wunderbare Bereicherung des winterlichen Speiseplans. Ausgesät wird von August bis Ende September im Grundbeet – breitwürfig oder in Reihen. (Samen in Reihen lassen sich besser mit einer Schicht von etwa 1 cm Erde bedekken.) Nach dem Säen etwa vier Wochen den Boden gut feucht halten, aber gut lüften (Mehltaugefahr). Wenn nicht zu tief geschnitten wird, kann bis zum Frühjahr mehrmals geerntet werden.

Spinat läßt sich ebenfalls (als kälteverträgliche Pflanze, die im Langtag zum Schießen und Blühen neigt) im Kalthaus als Wintergemüse kultivieren. Bis Mitte September sollen die ziemlich großen Samen in den Boden. Reihenabstand 20 cm, Saattiefe 2–3 cm. Erntezeit ist dann Ende März, Anfang April. Es sollte im März nochmal für ausreichend Bodenfeuchtigkeit gesorgt werden.

Winterportulak, Winterpostelein, Kubaspinat, Claytonie sind die vielfachen Bezeichnungen für ein hübsches und schmackhaftes Pflänzchen mit dem botanischen Namen *Claytonia (Montia) perfoliata*. Dieser etwas säuerliche, vitaminreiche Wintersalat(zusatz) wird 10–20 cm hoch und bildet aus seinen verwachsenen Hochblättern einen stengelumfassenden Teller, in dem die kleinen weißen Blüten präsentiert werden. Man kultiviert ihn ähnlich wie Feldsalat. Bei Aussaat im August kann im November geerntet werden. Dabei sollte man zunächst die zu dicht stehenden

Pflanzen herausziehen und auf 10–20 cm Abstand vereinzeln; dann entwickeln sich die restlichen Pflanzen besser. Wenn nicht zu dicht über dem Boden geschnitten wird, treibt der Winterportulak auch noch einmal aus und kann im März neuerlich geerntet werden.

Winterrettich, schwarz und rund, kann im August zur Ernte im November gesät werden. Reihenabstand 25–30, in der Reihe auf 15–20 cm vereinzeln.

Auf Grundbeeten lassen sich in der Übergangszeit Spinat und Feldsalat anziehen.

Apart in Blattform, Blüte und Geschmack ist der Winterportulak.

Unter den Bedingungen des Gewächshauses werden auch Kohlrabi zarter.

Kopfsalat gedeiht prächtig unter Glas, entwickelt aber weniger Geschmack als im Freiland.

Kohlrabi kann man schon Anfang Februar säen, wenn die bereits erwähnte Mindesttemperatur von 10–15 °C für die Jungpflanzen gewährleistet wird. Man verpflanzt dann Ende März ins geschützte Freiland (Folientunnel) oder zu Kopfsalat aufs Grundbeet im Kalthaus. Mit der Ernte ist dann im Juni zu rechnen. Beim Pflanzen ist auf richtige Abstände (30 × 30 cm untereinander oder 25 × 25 cm mit Kopfsalat) zu achten und darauf, daß die Pflänzchen nicht zu tief in den Boden kommen.

Kopfsalat läßt sich im Kalthaus schon im Mai ernten, wenn der Freilandgärtner erst mit dem Auspflanzen beschäftigt ist. Saattermin ist dann allerdings Januar, so daß man anfangs wohl in der guten Stube gärtnern muß. Zu warm ist aber auch nicht gut. Wer sein Saatgut vor dem Ausbringen 3 Tage in den Kühlschrank legt, kann mit sicherem Keimerfolg rechnen. Danach 6–10 °C. Für Direktsaat empfiehlt sich Pillensaatgut. Abstände: 25 × 25 cm. Nicht zu tief pflanzen, auch wenn Setzlinge anfangs »pendeln«. Achten Sie beim Samenkauf auf die richtige Sorte (Frühsorten).

Möhrchen sage ich bewußt, weil es nichts herrlicheres gibt, als viel zu junge, zartsüße Möhren zu ernten. Und da ist das Kalthaus für frühe Genüsse der rechte Ort. (Sonst liebt die Möhre eher freien, luftbewegten Stand.) Möhren können nicht verpflanzt werden. Das feine Saatgut kommt im Februar auf ein feinkrümeliges Grundbeet im Reihenabstand von 15 cm und in der Reihe ja nicht zu dicht. Geschlossene Saatreihen andrücken. Da die Saat erst nach 3–4 Wochen aufgeht, sollte man Radieschen zur Markierung mitsäen. Zu enge Pflanzen auf 3–5 cm verziehen, danach angießen (Bodenschluß). Die ersten jungen Frühmöhrchen können etwa zwei Monate nach der Saat geerntet werden.

Radieschen laufen auch im Kalthaus einfach mit. Bereits im Februar kann man die erste Portion säen wo gerade Platz ist (oder als Markiersaat zu Möhren) und 5–7 Wochen später ernten. Reihenabstand 10–20 cm, in der Reihe auf 3–5 cm vereinzeln.

Wärmeliebendes Sommergemüse

Die Aubergine oder Eierfrucht ist im tropischen Ostindien zuhause und entsprechend anspruchsvoll. Die buschige Einzelpflanze wird 50–100 cm hoch und braucht nicht nur viel Sonne und Wärme sondern auch viel Platz. Saattermin ist Anfang März, wobei aber Temperaturen zwischen 18 und 20 °C gewährleistet sein müssen. Die Sämlinge werden am besten in eigene Töpfe pikiert oder gleich Mitte April an Ort und Stelle unter Glas gepflanzt; Abstände 60 × 60 cm. Die Pflanzen werden, sobald sie blühen, auf 4 Triebe gestutzt, und die Triebe an Stützen gebunden. Geiztriebe der Blattachseln werden wie bei Tomaten entfernt. Ab 25 °C lüften. Mit der Ernte der violetten Früchte kann bereits ab Juni begonnen werden.

Gurken stellen hohe Ansprüche an Wärme, Nährstoffe, Feuchtigkeit. Die langen Salat- oder Schlangengurken noch mehr als die Einlegegurken. Diese Kletterpflanzen werden daher stets unter Glas gezogen. Bei ihnen muß man zwischen rein weiblichen (w), vorwiegend weiblichen (vw) und gemischt blühenden (g) Sorten unterscheiden. Auch auf den Anteil von Bit-

Möhren brauchen auch unter Glas einen tiefgründig lockeren Boden.

Gemüsepaprika bringt befriedigende Erträge nur unter Glas.

◁ Salatgurken haben im Freiland keine Chancen.

terstoffen sollte man bei der Sortenwahl achten. Da eine Anzuchttemperatur von 16 °C nicht unterschritten werden sollte, darf im nur leicht beheizten Glashaus nicht vor April gesät werden. Mitte Mai werden die pikierten oder vertopften Setzlinge auf 150 × 50 cm ausgepflanzt. Am besten setzt man sie auf 30–40 cm hohe Erdwälle, unter die man noch eine Packung halbverrotten Mistes geben kann, was ihnen warme Füße und reichlich Nährstoffe sichert. Die Pflanzen werden an Schnüren zur Decke geleitet. Wenn sie die Traufhöhe des Gewächshauses erreicht haben, müssen sie entspitzt werden (d. h. die Triebspitze wird abgekniffen). Die Seitentriebe kürzt man über dem ersten Blatt ein. Für reichlich Nährstoffe, Feuchtigkeit und Wärme sind Gurken dankbar. Bereits Mitte Juni kann mit der Ernte begonnen werden.

Paprika, auch Gemüsepaprika ist die milde Ausgabe der Gewürzpaprika. Die buschigen Pflanzen werden bei

uns meist 50–80 cm hoch und tragen grüne, gelbe oder (später) rote Früchte. Mit den Saat- und Auspflanzzeiten hält man sich etwa an die der Salatgurken. Die Paprikasamen mögen es eher noch wärmer als die Jungpflanzen (20–24 °C). Die Jungpflanzen können auch gleich in genügend große Töpfe (25–30 cm Durchmesser) gesetzt und dort weiterkultiviert werden. Sonst wählt man Pflanzabstände von etwa 50 × 50 cm. Etwa 8 Wochen nach der Saat wird ausgepflanzt und etwa 8 Wochen später kann mit der Ernte begonnen werden.

Sojabohnen sind als (eiweißreiches) Gemüse bei uns bisher wenig bekannt. Man kann sie aber mit großem Gewinn grün wie Erbsen oder nach dem Ausreifen und Keimen als Sojasprossen verwenden. (In China ist die Sojabohne seit 5000 Jahren ein ganz wichtiger Bestandteil der Ernährung.) Man baut die wärmeliebende Art wie Buschbohnen an, d. h. sät unter Glas etwa Ende April in Reihen von 30 cm

Pflanzen unter Glas

Kirschtomaten schmecken hervorragend und sind eine Zierde für jedes Mahl.

oder in Gruppen. Auch in ausreichend großen Töpfen ist die Kultur möglich. Ab Ende Juli können die grünen Bohnen geerntet und frisch gekocht werden.

Tomaten gibt es in so vielen Sorten, die normalerweise als Jungpflanzen und Früchte nicht auf dem Markt sind, daß sich ein Experimentieren mit eigener Vorzucht sehr lohnt. Von der Wuchsform her unterscheidet man Stab- und Buschtomaten. Desweiteren gibt es gelbe, rote und geflammte, runde und lange, große und kleine, aromatische und fade Früchte. Im Gewächshaus gedeihen sie hierzulande alle besser als im ungeschützten Freiland. Zu ihren Füßen kann man Radieschen, Kopfsalat oder Kohlrabi anbauen. Im Kalthaus kann man Ende Februar mit der Aussaat begin-

nen, um gegen Mitte April kräftige Jungpflanzen im Abstand von etwa 60 × 60 cm setzen zu können. Am besten zieht man die Sämlinge zunächst am Fensterbrett und schafft sie erst in der zweiten Märzhälfte ins Kalthaus; sie sollten auch nachts möglichst nicht weniger als 16 °C haben. Die Sämlinge kommen dann in kleine Töpfe und können im Grundbeet oder in großen Töpfen weitergezogen werden. Für ständig gleiche Feuchtigkeit ist zu sorgen. Bei Stabtomaten müssen die Seitentriebe rechtzeitig herausgezwickt und die Haupttriebe an Schnüre oder Stäbe gebunden werden. Mehr als 6–8 Blütenrispen werden auch im Gewächshaus kaum reif, so daß es sich empfiehlt, weitere Rispen auszubrechen. Sorgen Sie für gute Lüftung, da Tomaten für Pilzkrankheiten anfällig sind.

Mit Monatserdbeeren lassen sich langdauernde Gaumen- und Augenfreuden verbinden.

Süßes und Fruchtiges

Erdbeeren ganz früh im Jahr zu haben, darauf sind alle in der Familie scharf. Wenn sie im Freiland erst blühen, können sie unter Glas schon saftige Früchte liefern. Dazu pflanzt man Ableger schon im Juli/August in 8-cm-Töpfe (anfangs noch an der Mutterpflanze). Wenn sie dort kräftig Wurzeln geschlagen haben, kommen sie in 13er-Töpfe und in den Einschlag, das heißt dicht zusammen an eine schattige Stelle im Garten oder ins offene Frühbeet. Bis Ende September sollte man sie 2–3mal mit Erdbeerdünger versorgen. Im Oktober hört man dann auch langsam zu gießen

Auch ein überwiegend pflanzlich genutztes Gewächshaus ist ein angenehmer Aufenthaltsraum, besonders während der Übergangszeit.

auf. Nach den ersten Frösten deckt man mit Laub ab. Ab Mitte Dezember geht man mit den Erdbeertöpfen ins temperierte Haus (10 °C). Mit steigender Temperatur kommen die Blüten, die wir im Haus mit dem Pinsel bestäuben müssen. Wichtig ist ein heller Platz und stetige Feuchtigkeit, darum: Untersetzer unter die Töpfe. Nun auch wieder düngen.

Feigen werden bei uns schon wegen ihrer hübschen Blätter gerne als Kübelpflanzen gehalten, die nur zur Überwinterung unter Glas kommen. Will man auch die köstlich süßen Früchte ernten, muß man seinen Fei-

69

Pflanzen unter Glas

genbaum ein wenig verwöhnen. Bereits im Herbst werden die Früchte angesetzt, wachsen dann aber kaum weiter. Damit sie im folgenden Jahr bis zum Herbst ausreifen können (unter Glas oder am geschützten, warmen Platz im Freiland), müssen wir regelmäßig wässern und wöchentlich düngen. Gute, lehmhaltige, mit Mulch oder Mist bedeckte Erde ist wichtig. Wenn der Ballen trocken wird, können die Früchte abfallen. Unter Glas kann das auch bei zu großer Hitze passieren. Ab August hört man mit dem Düngen auf und reduziert das Gießen. Wenn Sie im Freien übersommern, sollten Sie nicht zu spät das Gewächshaus verlassen. Leichte Fröste verträgt der Feigenbaum besser als in angetriebenem Zustand ausquartiert zu werden. Im Weinbauklima kann man sogar an Hauswänden ausgepflanzte alte Feigenbäume sehen, die jeden Winter zwar etwas zurückfrieren, aber schon jahrelang draußen überlebt haben.

Granatäpfel erfreuen sich ebenfalls als herrlich rot blühende Kleinbäume großer Beliebtheit – wenn auch mehr im Mittelmeergebiet als bei uns. Dabei vertragen die strauchartig wachsenden Bäumchen als Kübelpflanzen oder als Zwergform im Topf unser Klima ganz gut. Nur die schlimmste Frostzeit müssen sie im Kalthaus stehen. Auch hier ist ein zu frühes Austreiben unbedingt zu vermeiden. Nach der Umsiedlung ins Freie (April/Mai) wird ordentlich gegossen und alle 2 Wochen gedüngt. Im August stellt man das Düngen ein und reduziert das Wässern. Zwischen Blüte und Fruchtreife vergehen etwa 6 Monate, in denen es der Granatapfel recht warm braucht. Da wird es knapp mit unserem Sommer, und wir müssen – wenn wir in den Genuß der

Früchte kommen wollen – im Warmhaus oder Wintergarten weitermachen. Vielleicht ist es doch einfacher, Granatäpfel auf dem Markt zu kaufen. Man kann sie frisch essen oder zu Saft verarbeiten. Übrigens: Erschrecken Sie nicht, wenn Ihr Bäumchen im winterlichen Kalthaus bei 2–8 °C die Blätter abwirft. Das ist normal. Achten sie auch hier darauf, daß die Pflanze nicht zu früh treibt, sonst ist es vorbei mit der Blütenpracht. Aus Kernen gezogene Bäumchen wachsen zwar prächtig, blühen aber jahrelang nicht – Granatäpfel müssen, wie andere Obstbäume auch, veredelt werden.

Kiwi-Früchte gibt es heute zwar überall zu kaufen, aber die Kletterpflanze mit den hübschen Strahlengriffelblüten ist so sehr eine Zierde

Feigen kommen in unserem Klima nur unter Glas zur Vollreife.

Granatäpfel sind in Blüte und Frucht eine Zierde des Gewächshauses.

Die Kiwifrucht ist eine schmackhafte Zugabe zu ihrer schönen Blüte.

eines jeden größeren Wintergartens und Gewächshauses (wie auch jeder Pergola), daß man es ruhig wagen kann, selbst diese gesunden und schmackhaften »Großbeeren« zu züchten. Dazu muß man allerdings der Wuchsfreudigkeit durch gezielten Schnitt Grenzen setzen und neben einer weiblichen auch eine männliche Pflanze hegen. Kiwis lieben keinen Kalk, eher sauer-torfige Böden. Zur Düngung eignen sich Rhododendrondünger oder Hornspäne. Auch gleichmäßige Feuchtigkeit ist wichtig. Im Spätwinter müssen Pflanzen, die fruchten sollen, drastisch auf wenige Triebe zurückgeschnitten werden. Und im Sommer kürzt man Neutriebe noch einmal auf 5–7 Blätter, fruchttragende Kiwis auf 5–7 Blätter nach den Früchten. Natürlich brauchen sie ein stabiles Spalier. Zur Blütezeit muß man viel lüften, damit Insekten die Bestäubung übernehmen können.

Pflanzen unter Glas

Maracuja ist die eßbare Form der Passionsblume. Auch diese vitale Schlingpflanze kann in einem großen Glashaus ohne Schwierigkeiten zum Fruchten gebracht werden. Da sie die Tendenz hat, sich stark auszubreiten, sollte man sie an die Nordseite im Gewächshaus pflanzen und durch Schnitt in Schach halten. Unters Dach gelenkt, kann sie der Schattierung dienen. Maracujas kann man selber anziehen aus den getrockneten Kernen gekaufter Früchte oder aus Stecklingen. Zur Keimung brauchen sie Zimmertemperatur. Im Winter mögen sie es nicht kühler als 10 °C. Mit Früchten kann man erst im 2. oder 3. Jahr rechnen. Sie ähneln Tomaten, sind zunächst grün, dann braunviolett. Im Sommer muß gut gewässert und gedüngt werden, im Winter hält man sie eher trocken.

Melonen sind wärmeliebende Kürbisse. Ihr Anbau ist dem der Salatgurken ähnlich. Man sät im Februar/März am Fensterbrett gleich in Töpfchen, geht im März/April ins temperierte oder Ende April ins kalte Haus. Dort (oder im Frühbeet) pflanzt man mit gehörigem Abstand (80 cm) in humusreichen Boden. Es empfiehlt sich, bereits die Jungpflanzen über dem 5. Blatt zu entspitzen und auch die Seitentriebe spätestens nach dem 6. Blatt. Mit insgesamt 4 Trieben, an denen je 4–5 Früchte reifen, ist der Ertrag reichlich. Die reifenden Früchte legt man auf Brettchen oder hängt sie in Netze, falls die Melone an einem Spalier klettert. 10 Wochen nach der Blüte sind die Früchte bei guter Pflege reif. Bei der Bestäubung kann nachgeholfen werden.

Wein gehört zu den »multifunktionalen« Pflanzen unter Glas: Er kann das Haus im Sommer beschatten, seine Blüten duften herrlich und schließlich sind auch seine Früchte nicht zu verachten. Am besten kauft man eine kräftige Pflanze mit Ballen. Die Erde muß am Standplatz tief gelockert sein. Die Rebe wird nach dem Pflanzen auf 2 Augen zurückgeschnitten. Später zieht man sie an quergespannten Drähten oder einem Lattengerüst nach oben. Wenn man eine weitverzweigte Pflanze wünscht, läßt man sie erst einmal 1–3 Jahre wachsen. Erst dann beginnt der Fruchtschnitt. Im Spätwinter kürzt man die Seitentriebe auf 6–8 Augen. Daran bilden sich

Melonen, köstlich, aber leider auch mehltau- und rostanfällig.

Das Land, wo die Zitronen blühen, kann gleich hinterm Haus liegen.

dann die Fruchttriebe. Diese dünnt man später so aus, daß nur alle 20 cm einer bleibt. Wichtig ist stets gute Lüftung, da sonst Pilzkrankheiten und Schädlingsbefall die Freude verderben.

Zitrusfrüchte waren ja früher eine der wichtigsten Zierden der Glashäuser. Heute sind sie leider nicht mehr so verbreitet. Dabei sind Orangen-, Mandarinen, Zitronen- und Pampelmusen-Bäumchen in jeder Hinsicht die Freude eines jeden Wintergartens oder frostfreien Kalthauses. Die Blüten duften schwer und süß, die Blätter sehen hübsch lackiert aus und die Früchte sind schön und ein Genuß. Also kaufen Sie sich ein oder mehrere Bäumchen oder ziehen sich welche aus Stecklingen. Aus Kernen gezogene bringen selten gute Früchte. Die Pflege ist einfach und beschränkt sich auf genügendes Wässern mit temperiertem, abgestandenem Wasser

und wöchentliches Düngen bis August. Im Winter mögen es alle Zitrusarten kühl (um 5 °C) und ziemlich trocken. Ganz austrocknen darf der Wurzelballen aber nicht. Im Herbst oder zeitigen Frühjahr schneidet man kräftig zurück, da die Krone dem Kübel (etwa 24 cm Durchmesser) entsprechen und das Ganze transportabel bleiben muß. Im Frühjahr schüttelt man die alte Erde vom Wurzelballen und füllt neue zu, ohne ständig größere Kübel zu nehmen. Die Früchte reifen über einen längeren Zeitraum, so daß die Blüten mit den Früchten vom Vorjahr am gleichen Ast blühen, was einen Teil des Reizes von Zitrus ausmacht.

73

Pflanzen unter Glas

Anzucht von Sommer- blumen und Stauden

Für Blumen und Blattpflanzen hat das Glashaus die gleiche zweifache Bedeutung wie für Nutzpflanzen: Wir können dort Jungpflanzen fürs Freiland vorziehen und wir können besonders wärmeliebende Arten ganzjährig dort kultivieren, beziehungsweise Balkon- und Kübelpflanzen dort geschützt überwintern.

Ich möchte mich zunächst der Anzucht von Sommerblumen und Stauden widmen. Weitere prächtige Zierpflanzen, exotische Blumen und Kübelpflanzen finden Sie in den Tabellen nach dem Kapitel über Wintergärten.

Das Schwergewicht liegt hier ganz auf den sogenannten **Sommerblumen.** Das sind ein- und zweijährige Arten und einjährig gezogene (da nicht winterharte) Stauden. Die müssen jedes Jahr wieder neu ausgesät werden, was bei vielen Arten wegen ihrer längeren Entwicklungszeit nicht immer im Freiland möglich ist. Die Jungpflanzen müssen dann unter Glas vorkultiviert werden und kommen meist erst im Mai als Setzlinge ins Freiland.

Stauden, also mehrjährige Pflanzen, werden zwar in der Regel durch Teilung oder Ableger (also vegetativ) vermehrt, man kann aber seltenere Arten eher als Samen bekommen, und größere Mengen sind auch leichter aus Samen zu erzielen. Freilich ist die Anzucht von Stauden nicht ganz so problemlos wie die von Sommerblumen.

Die meisten unserer Sommerblumen, zu denen so bekannte Schönheiten wie der blaue Leberbalsam, die gelbe Pantoffelblume, Löwenmaul und

Goldlack, die prächtigen Petunien und die Studentenblumen gehören, sind Kinder wärmerer Regionen. Darum brauchen sie zum Keimen und als Jungpflanzen in der Regel fast Zimmertemperaturen (um 18 °C). Mit einem nur leicht temperierten Kalthaus ist es also im allgemeinen nicht getan. Wer nicht ohnehin ein Warmhaus betreibt oder sich einen beheizten Wintergarten leistet, der wird schon aufs Fensterbrett der guten Stube angewiesen sein. Um hier die Lichtverhältnisse etwas zu verbessern, empfiehlt

es sich, für eine elektrische Zusatzbeleuchtung (Seite 42) zu sorgen. Ein ganzes Gewächshaus nur für ein paar Sommerblumen-Jungpflanzen 2–3 Monate zu beheizen, lohnt sich ganz gewiß nicht; da kaufen Sie besser beim Gärtner.

Sehr praktisch für die Anzucht von Jungpflanzen sind aber <u>Vermehrungskästen</u> mit Klarsichtdeckel und eingebauter Elektro-Bodenheizung. Die kann man ins Kalthaus stellen, wo sie bei der gewünschten Temperatur ausreichend Licht bekommen.

Wer eine Hand für Blumen hat, kann unter Glas die ungewöhnlichsten Farben zum Leuchten bringen.

Die Samen der meisten Arten kommen im März in den Boden. Nur Pantoffelblumen, Begonien und Pelargonien (Geranien) müssen schon im Januar gesät werden, wenn man sie im Mai blühend ins Freie bringen möchte. Im Februar folgen dann Leberbalsam, Löwenmaul, Buntnessel, Heliotrop, Fleißiges Lieschen, Lobelien, Petunien, Salvien. Ich rate Ihnen aber, generell erst im März mit der Vorzucht anzufangen. Sie sparen Heizkosten, haben alles zeitlich beisammen (auch die jungen Nutzpflanzen) und kommen im Mai nicht unter Druck, wenn kaltes Wetter das Auspflanzen der längst fälligen Jungpflanzen verzögert.

Für die Anzucht selbst gelten im wesentlichen die gleichen Verhältnisse wie für die Vorzucht wärmeliebender Gemüsearten (Seite 66). Verwenden Sie zur Aussaat flache Saatschalen und feinkrümelige Saaterde. Die Samen werden dünn und gleichmäßig über die Fläche verteilt (Tüte schütteln), dann wird mit dem Erdsieb eine Erdschicht von doppelter Samenstärke darübergesiebt und mit feiner Brause und zimmerwarmem Wasser vorsichtig angegossen. Vergessen Sie nicht, ein Namensschild anzubringen, wenn Sie mehrere Arten haben.

Die Keimtemperaturen liegen bei den meisten Arten zwischen 20 und 25 °C. Die Jungpflanzen haben es dann gerne wieder etwas kühler (um 18 °C). Wichtig ist eine ständige Feuchtigkeit des Bodens, anfangs auch der Luft. Keinesfalls sollte man die Jungpflanzen aber zu lange verwöhnen, da sie sonst »langbeinig« und krankheitsanfällig werden.

Einjährige werden in der Regel nach dem 2. bis 3. Laubblatt pikiert oder besser noch in Einzeltöpfchen verpflanzt. Bei Stauden ist das meist nicht nötig.

Pflanzen unter Glas

Sommerblumen sowie einjährig kultivierte Stauden

Saatzeit im frostfreien Kalthaus oder Frühbeet: ausgepflanzt wird in der Regel nach Mitte Mai.

Art	deutscher Name	Blütenfarbe	Höhe [cm]	Saatzeit	Bemerkung
Ageratum houstonianum	Leberbalsam	blau-violett	15–80	März	buschig, langblühend
Alonsoa warscewiczii	–	karminrot	30–90	März	dünnstengeliger Rachenblütler
Amaranthus caudatus	Fuchsschwanz	rot, grün-weißl.	60–200	März	sehr stattlich
Ammobium alatum	Papierknöpfchen	gelb, weiß	40–60	April	strohblumenähnlich
Anagallis monelli	Gauchheil	blau, rot	40	März	teppichbildend
Anchusa capensis	Ochsenzunge	blau-weiß-rot	30–60	März	
Antirrhinum majus	Löwenmaul	weiß, organge, rot	20–100	Feb./März	Wildart und viele Sorten
Arctotis-Hybriden	Bärenohr	gelb bis rotbraun	14–40	März	Korbblütler mit Sorten
Begonia-Semperflorens	Begonie	rosa, rot, weiß	15–20	Jan.	schwierige Anzucht
Calandrinia umbellata	–	rot, violett	15	März	leuchtende Trichterblüten
Calceolaria integrifolia	Pantoffelblume	gelb	bis 50	März	beliebter Rachenblütler
Callistephus chinensis	Sommeraster	vielfarbig	20–100	April	wertvolle Sommeraster
Celosia argentea	Hahnenkamm	viele Farben	20–60	Febr.	leuchtende, dichte Blütenähren
Centaurea cyanus	Kornblume	blau	30–100	März	
Chrysanthemum carinatum	Margerite	mehrfarbig	bis 80	März/Apr.	harlekinartig
Chrysanthemum coronarium	Goldblume	gelb + grünlich	40–100	März/Apr.	stark verzweigt
Chrysanthemum parthenium	Römische Kamille	weiß, gelb	20–70	März/Apr.	Pompon-Sorten
Chrysanthemum segetum	Saat-Wucherblume	gelb + braun	60	März/Apr.	wenig verzweigt
Cleome spinosa	Spinnenpflanze	weiß, purpur	90–120	März	lange Staubfäden
Cobaea scandens	Glockenrebe	–	bis 600	März	Kletterpflanze mit schönen Blüten
Coleus-Blumei-Hybriden	Buntnessel	blauweiß	10–20	März	Blattpflanze
Cosmos bipinnatus	Schmuckkörbchen	rosa, weiß, gold	100–150	März	stark verzweigt
Cotula barbata	Laugenblume	gelb	10–15	März	kleine Blütenkörbchen
Datura innoxia	Stechapfel	weiß	100	April	große trichterförmige Blüten
Dianthus caryophyllus	Gartennelke	rot	60	Mai	bekannte Gartenblume
Dianthus chinensis	Kaisernelke	rot	20–40	März	buschiger Wuchs
Dorotheanthus bellidif.	Mittagsblume	rot-weiß	5	April	strahlenförmige kleine Blüten
Eccremocarpus scaber	Schönranke	orange	bis 500	Febr.	nach mildem Winter Selbstaussaat
Fuchsia-Hybriden	Fuchsie	rot-violett	30–50	März	schöne, mehrfarbige Blüten
Gaillardia pulchella	Kokardenblume	rot-gelb	40–100	März	oft zweifarbige und gefüllte Korbblüten
Gomphrena globosa	Kugelamarant	violett	30	März	kugelige Blütenstände
Helichrysum bracteatum	Strohblume	viele Farben	30–80	April	unproblematisch, langlebig
Heliotropium arborescens	Sonnenwende	violett	60–100	März	Halbstrauch
Hibiscus manihot	Eibisch	gelb	100–200	März/Apr.	offene, trichterförmige Blüten

Löwenmaul (Antirrhinum)

Pantoffelblume (Calceolaria)

Spinnenpflanze (Cleome)

Art	deutscher Name	Blütenfarbe	Höhe [cm]	Saatzeit	Bemerkung
Hibiscus trionum	Staudeneibisch	gelb mit schwarz	60	April	interessante Sommerblume
Impatiens balsamina	Balsamine	rosa-rot	20–50	April	Kamelienblüten in Blattachseln
Impatiens walleriana	Fleißiges Lieschen	weiß bis rot	30–50	Febr.	unermüdlich blühend
Ipomoea tricolor	Prunkwinde	blau	300–400	März	Windengewächs
Kochia scoparia	Sommerzypresse	unscheinbar	60–100	März	kleine Büsche für einjährige Hecken
Lathyrus odoratus	Wicke	viele Farben	bis 200	März/Apr.	weitrankend und duftend
Lobelia erinus	Männertreu	blau + weiß	10–30	Febr.	beliebte Balkonblume
Lonas annua	Immortelle	gelb	20–40	März	endständige Dolde
Matthiola incana	Levkoje	viele Farben	bis 100	ab Nov.	stark duftend
Melianthus major	Honigstrauch	grün	150	Februar	gefiederte Blätter
Moluccella laevis	Muschelblume	rötlichweiß	60–100	März	gekerbte oder eingeschnittene Blätter
Nemesia-Hybriden	Elfenspiegel	viele Farben	20–50	März	für bunte Rabatten
Nicotiana-sp./var.	Ziertabak	weiß, gelb, rot	60–150	März	Arten duftend, Sorten nicht
Pelargonium var.	Geranie	rot, rosa	20–40	Jan.	beliebte Balkonpflanze, auch Duftpflanze
Penstemon sp.	Bartfaden	rot	80–100	Februar	blüht in lockerer Rispe
Petunia-Hybriden	Petunien	bunt	20–30	März	trichter- oder tellerförmige Blüten
Phygelius capensis	Fünferling	rot	90	März	blüht in aufrechten, endständigen Rispen
Pilea microphylla	Kanonierblume	grün	20	März	flach ausgebreitet, stark verzweigt
Portulaca grandiflora	Portulakröschen	bunt	15	März	stielrunde, fleischige Blätter
Proboscidea louisianica	Gemshorn	weiß	5–10	März	niederliegend
Ricinus communis	Wunderbaum	grün	120–150	März	Wunderbaum
Salpiglossis sinuata	Trompetenzunge	rot	50–100	März	langgestielte große Blüten
Salvia splendens	Salvie	rot	50–150	März	blüht in endständigen Trauben
Sanvitalia procumbens	Husarenknopf	gelb + schwarz	10–15	März	winzigen Sonnenblumen ähnlich
Scabiosa atropurpurea	Skabiose	violett	90	April	Staudenpflanze
Sedum caeruleum	Fetthenne	blau	15	April	Dickblattgewächs mit verästelten Stengeln
Senecio bicolor	Kreuzkraut	gelb	80	April	Halbstrauch mit fiederteiligen Blättern
Tagetes-Hybriden	Studentenblume	orange	50–100	März	leuchtende, kugelige Blüten
Thunbergia alata	Schwarzäug. Susanne	orange + schwarz	100–150	März/Apr.	willig kletternd und blühend
Torenia fournieri	Vietnambraunwurz	blau	30	März	löwenmaulähnlich
Verbena-Hybriden	Eisenkraut	viele Farben	20–30	Febr.	auch zweifarbig

Glockenrebe (Cobaea)

Schmuckkörbchen (Cosmos)

Sonnenwende (Heliotropium)

Pflanzen unter Glas

Überwintern von Balkon- und Kübelpflanzen unter Glas

Für den Liebhaber von Kübelpflanzen, die den Sommer über die Terrasse zieren, oder bunter Balkonkästen, ist ein frostfreies Kalthaus allein schon aus dem Grund der idealen Überwinterung seiner Schützlinge die Anschaffung wert. Denn wer hat heute noch jene großen, kühlen, luftighellen Treppenhäuser, die früher ein so guter Überwinterungsort für den sommerlichen Terrassenflor waren? Ein Wintergarten ist natürlich auch hierfür eine schöne Sache. Aber im Kalthaus kann man auch unansehnliche Geranien, laublose Bäumchen und diverse Knollen und Zwiebeln lagern, ohne daß sie stören. Denn auch die Keller sind ja heutzutage meist zu warm.

Die richtige Zeit ins Winterquartier zu ziehen, ist Anfang Oktober. Von den Balkonpflanzen entfernt man alle Blüten und Blütenreste und kürzt die Triebe auf die Hälfte. Die Blätter läßt man aber abwelken.

Kübelpflanzen, die ihr Laub behalten, wie Oleander, Palmen und andere Immergrüne, kommen ungeschnitten ins Winterlager. Nur die alten Blütenstände werden entfernt. Sie bekommen den Winter über, wie die Balkonpflanzen, gerade soviel Wasser, daß ihr Wurzelballen nicht ganz austrocknet. Bei Agaven, Kakteen und anderen Wüstenbewohnern hingegen kann man ganz auf Wasser verzichten. Auch blattwerfende Gehölze brauchen fast kein Wasser (s. auch S. 101 ff).

Die Temperatur im Winterquartier soll ruhig niedrig sein. Das fördert bei vielen Arten die Blütenbildung. Um 5 °C kann die Untergrenze sein, und über 10 °C sollte es sich auch tagsüber nicht erwärmen. Darum ist eine automatische Lüftung sehr zu empfehlen.

Ab Februar geben wir dann den Balkonpflanzen, Pelargonien, Pantoffelblumen, Fuchsien usw. neue Erde und steuern eine Temperatur zwischen 12 und 15 °C an. Nun muß natürlich auch wieder langsam mehr Wasser gegeben werden. Vor der Umsetzung ins Freie müssen alle Überwinterer mindestens über zwei Wochen abgehärtet werden, indem man sie bei mäßiger Sonne und mäßigen Temperaturen immer wieder an einen geschützten Platz im Freien bringt, oder das Gewächshaus immer länger (schließlich auch nachts) weit offen läßt.

Orchideen brauchen ▷ das feuchtwarme Klima von Warmhäusern. Ihre Blüten gleichen Kunstwerken.

Viele Warmhauszöglinge kann man als Kübelpflanzen im Sommer ins Freie stellen.

Wintergärten – wohnen im Paradies

Vielleicht kommen wir doch aus dem Paradies. Vielleicht haben wir sogar noch eine Erinnerung daran – irgendwo ganz tief drinnen. Vielleicht sind Wintergärten ein Ausdruck dieser Erinnerung, dieser alten Sehnsucht. Denn rational betrachtet, ist es ja schon etwas verrückt, sich den Urwald ins Haus zu holen – um es einmal ganz überspitzt zu sagen.

Pflanzen im Schutz von Häusern zu hegen, zu züchten und zu bewundern, gelingt wirklich befriedigend erst seit es Glas und andere lichtdurchlässige Materialien gibt, die einerseits einen guten Schutz vor Witterungseinflüssen, andererseits aber die unumgänglich notwendige Helligkeit im Raum garantieren.

Historisches und Aktuelles

Erste erfolgreiche Versuche mit durchscheinenden Steinen (z. B. Glimmer) wurden aber schon zu Beginn unserer Zeitrechnung von den Römern begonnen. Im Pompeji fand man daneben auch sogenannte »specularia« mit Heizungsröhren in den Wänden. Planungen über die Ausrichtung von geschützten Beeten in Südrichtung sind sogar schon früher von Xenophon um 400 v. Chr. in seinen »Erinnerungen an Sokrates« beschrieben.

Neben der Nützlichkeit auch über die Wintermonate frische Gemüse zu haben, schätzte man auch bald die

Wintergärten erschließen uns ganz neue Wohn- und Erlebnisbereiche.

81

Wintergärten – wohnen im Paradies

Annehmlichkeit, zwischen schönen Blumen und Blattpflanzen zu wohnen. Die Freuden des Gartenlebens auch dann zu genießen, wenn draußen nasses oder kaltes Wetter herrscht, war ein faszinierender Gedanke, der erst dann elegant realisierbar wurde, als Glas- und Metallverarbeitung so weit ausgereift waren, daß filigrane und trotzdem stabile Konstruktionen errichtet werden konnten. Zuvor hatte man bauliche Kompromisse schließen müssen, bei denen entweder Licht und Luft ungehindert Zutritt hatten und den Pflanzen, wie den Menschen, nur das »Dach über dem Kopf« und verschiedene Heizungseinrichtungen ein wenig Geborgenheit boten, oder der vollständigere Schutz von Höhlen und Häusern, der mit dem Mangel an Licht bezahlt wurde.

Man begann im 16. Jahrhundert mit der Anlage erster botanischer Gärten in Pisa und anderen Orten Europas, in denen auch spezielle Häuser zum Schutz und zur Ausstellung kostbarer Pflanzen errichtet wurden. Über die Wintermonate erwärmte man empfindliche Arten mit offenen Feuern oder Öfen. Bald zeigte sich die Notwendigkeit systematischer Belüftung, die man zum Beispiel mit Hilfe beweglicher Fensterläden 1620 in der Orangerie des Kurfürsten in Heidelberg bewerkstelligte.

Solche »Orangerien« kamen in Mode, als es im 17. Jahrhundert immer besser gelang, bleigefaßte Südfenster stilistisch befriedigend dem barocken Zeitgeschmack einzufügen. Hierdurch wurde schon der heute so bekannt gewordene »Treibhauseffekt« wirksam. Wo dessen Wirkung nicht ausreichte, z. B. in den Wintermonaten, wurde schon damals mit Torföfen oder kohlebeheizten Kachelöfen nachgeholfen, um die notwendige

Temperierung zu erhalten, nicht nur für exotische Schönheiten, sondern auch für frühe Gemüse und Früchte. Die Entwicklung nützlicher Treibhäuser verlief ja parallel mit der luxuriöser »Vivarien«.

Dieses Kultivieren von Pflanzen in speziellen Gebäuden führte ab 1660 in England dazu, daß immer häufiger von »Treibhäusern« statt von »Orangerien« gesprochen wurde. Man begann, neben Südfrüchten, auch Blattpflanzen und Weinreben unter Glas zu ziehen. Solches Grün in Innenräumen schuf gleichzeitig einen angenehmen Aufenthaltsort bei schlechtem Wetter, in dem man, umschmeichelt von zarten Düften und wohltuendem Farbenspiel, zusammenkommen oder für sich sein konnte. So

Wintergärten – wohnen im Paradies

wurde das Gewächshaus zum Wohnort und zum gesellschaftlichen Treffpunkt. Man baute dementsprechend die Glasgebilde mit Vorliebe an die Südseiten der Wohnhäuser an, um einen direkten Zugang zu ihnen zu haben.

Mit einer Verbesserung der Heizungen über Warmluftkanäle und einer raffinierter werdenden Nutzung des Treibhauseffektes durch regelrechte Glaswände, entstanden im 19. Jahrhundert immer größere Stahl-Glas-Konstruktionen, bis hin zu den berühmten riesigen »Kristall-Palästen«. Einer der berühmtesten, der am Hyde-Park Londons stand, war 560 m lang, 137 m breit, wies eine Glasfläche von 83 000 m² auf, eine Glasrahmenlänge von 330 km, eine

Die Architektur der großen Glashäuser gehört leider – wie es scheint – der Vergangenheit an.

Holzmenge von 17 000 m³ und andere Superlative. Gleichwohl zeigt die Konstruktion den filigranen Reiz von Insektenflügeln.

Die Technik des Eisengießens und die neuen, schlierenfreien und billiger werdenden Glasscheiben, bei denen nicht mehr durch Luftblasen und Unregelmäßigkeiten unangenehme Brennglaseffekte die Blätter versengten, gaben auch bürgerlichen Schichten Gelegenheit, sich einen repräsentativen Anbau aus Glas in ihren Garten zu stellen. Wintergärten kamen immer mehr in Mode.

Die Warmwasserheizung löste das Temperierungsproblem eleganter als die traditionellen Torföfen und erlaubte unterschiedliche Erwärmung ausgewählter Regionen und Plätze, an denen entsprechende Pflanzen aufgestellt wurden. Dazwischen ließen sich dem persönlichen Geschmack entsprechende Wohnlandschaften und Dekorationen einfügen, bei denen viel Phantasie und exotische Träume ihre Verwirklichung fanden.

Man kann sich vorstellen wie die »kleinen Dschungel« mit Wasserfällen, Teichen und Hängegewächsen im Wintergarten die damals so beherrschenden Themen der Kolonialzeit für die Daheimgebliebenen illustrierten und welcher Stolz sich mit der Präsentation fremdartiger Blatt- und Blütenpflanzen verband.

Letztlich hat diese Liebe zum Seltenen, sorgsam Gepflegten auch die nachfolgende Periode des Niedergangs der Gewächshauskultur bis heute überstanden. Auch wenn es von der Jahrhundertwende an wieder einen Trend zurück zum Freilandgarten mit heimischen Gewächsen gab, der die teuren Treibhausanlagen verdrängte, blieb die Freude an einem Leben zwischen seltenen Pflanzen im Schutz gläserner Wände wach.

Mit zunehmendem Wohlstand von der zweiten Hälfte unseres Jahrhunderts an erinnerte man sich der Wintergärten und Glaswände und entwarf neue Architekturen dafür oder restaurierte liebevoll die noch erhaltenen Eisengerippe aus viktorianischer Zeit. Isoliergläser, pflegeleichte, korrosionsgeschützte Rahmen, zuverlässige Abdichtungen und ausgeklügelte Beheizungssysteme lassen es heute zu, Wohnräume, Arbeitszimmer, Bäder oder sogar Schlafgemächer unter Glas zwischen Pflanzen einzurichten. Wer heute Lust bekommt und genügend Geld hat, sich einen Wintergarten oder etwas ähnliches einzurichten, dem sind kaum noch Grenzen seiner Phantasie gesetzt – es sei denn durch baurechtliche Bestimmungen.

Balkonverglasung

Wenn Sie einen Südbalkon an Ihrer Wohnung haben, und weder nachbarliche noch behördliche Einwände bestehen, so können Sie sich bereits bei wenig finanziellem Aufwand einen kleinen Wintergarten leisten.

Man plant die Verglasung grundsätzlich so, daß sie sich bei Bedarf auch beseitigen läßt (z. B. mit Schiebeeinrichtungen, als Klappfenster usw.), um im Sommer nicht in einem Backofen zu sitzen.

Es gibt fertige Systeme (z. B. »Sunroom«) die nach Ihren Maßangaben geliefert werden, die sich mit vorbereiteten Profilschienen an der Balkondecke und am Boden oder einer geeigneten Brüstung befestigen lassen und transparente Faltelemente führen, die sich nach Bedarf öffnen und schließen lassen.

Im Prinzip kann man mit einigem handwerklichen Geschick aber auch eigene Konstruktionen entwerfen und

bauen. Allerdings ist zu bedenken, daß das dafür meist verwendete Holz nicht sehr witterungsbeständig ist und für die Bodenbefestigung spezielle Fassungen oder Profile mit Ablaufmöglichkeiten für Kondens- und Reinigungswasser nötig sind. Unebenheiten und Zwischenräume zwischen Wand und Führungsteilen können ausgeschäumt werden. Für die Halterung der Profile und Faltelemente eignet sich der Häfele-Beschlag, der in Fertigteilen im Handel ist. Die Fensterrahmen zur Aufnahme von Einfach- oder Isolierverglasung kann man mit einigem Geschick selbst zusammenfügen oder vom Handwerker fertigen lassen.

Eine stilecht verglaste Veranda kann ein ganzes Haus funktional und optisch aufwerten.

△ Ein Büro wie ein tropischer Ferienstrand.

◁ Ein geräumiger Balkon unter Glas kann zu einem angenehmen Aufenthaltsraum werden.

Wintergärten – wohnen im Paradies

Planung eines Wintergartens

Ob Sie nun einen Anbau, ein selbständiges Glashaus, eine Balkonverglasung oder eine Dach- bzw. Wandverglasung in Wohnräumen anstreben, unumgänglich ist eine Ausrichtung der transparenten Seite in Südlage, die nur bis 30 °C in Ost- oder Westrichtung abweichen sollte, weil sonst nicht genügend Licht und Wärme zur Verfügung stehen.

Dafür kommen Verglasungen im Verandastil oder Vorbauten in Frage, die bei ungünstiger Lage des Wohnhauses sogar über die Ecken führen können. Auch Dachaufbauten lassen sich nachträglich verglasen, ebenso wie Erker. Allerdings kann man nur dort, wo eine Trennung zwischen Glasbau und Wohnräumen besteht, auch Heizkosten einsparen. Bei offenem Übergang vom Wohnhaus zum Wintergarten besteht eher die Gefahr, Energie »zum Fenster hinaus zu werfen«, wenn man nicht sehr sorgfältig auf Isolierung achtet. Ist der Glasanbau hingegen vom Haus durch eine Wand getrennt, so kann man bei günstiger Anlage drei Viertel des Jahres dort wohnen, ohne zusätzliche Heizung.

Auch wer sich einen Selbstbau zutraut, sollte sich zuvor in jedem Fall den Rat eines Architekten und erfahrener Handwerker einholen.

Baugesuch und Kalkulation

In der Regel sind An- und Umbauten für Wintergärten genehmigungspflichtig. Man muß also eine Baugenehmigung beantragen. Dem dazu erforderlichen Antrag ist ein Plan beizufügen, der am besten von einem Architekten sachgemäß angefertigt wurde.

In diesem Plan wird zu berücksichtigen sein

■ welchem Zweck der Wintergarten dienen soll,
■ an welcher Stelle des Grundstücks oder Hauses er sich befinden wird,
■ ob die nötigen Abstände zum Nachbargrundstück eingehalten werden,
■ ob der Anbau innerhalb der vorgeschriebenen Baugrenze bleibt,
■ ob Dachneigung oder Flachdächer den örtlichen Vorschriften entsprechen (Flachdächer sollten gemieden werden, sie sind energetisch ungünstig und im Winter oft schneebedeckt),
■ ob die Nachbarn mit dem Bauvorhaben einverstanden sind und schließlich,
■ ob die finanziellen Mittel ausreichend sein werden und in welcher Zeit das Projekt zu verwirklichen ist.

Sollten baurechtliche Bedenken bestehen, so sind vielleicht Ausnahmegenehmigungen nötig. Dies läßt sich

durch eine Bauvoranfrage klären, die sich bei problematischen Vorhaben lohnen kann, um später keine bösen Überraschungen zu erleben.

Die Baupreise ändern sich ständig, so daß es wenig sinnvoll wäre, hier detaillierte Angaben über die Kosten zu machen. Sie richten sich vor allem nach den Ansprüchen und Möglichkeiten, die der einzelne Bauherr für seinen Wintergarten hat. Unter 30 m² Grundfläche wird die Sache besonders teuer; je größer der verglaste Raum, um so kostengünstiger läßt sich der Kubikmeter umbauter Raum erstellen. Die Kosten können sich

Die Möglichkeiten von verglasten An- und Einbauten sind unendlich vielfältig. Nicht immer gelingt die Anpassung ans Gegebene. Eine Bereicherung kann es trotzdem sein.

aber bei intensiver Wärmeisolation sehr erhöhen, ja gegenüber den einfachen Konstruktionen mit Isolierglas sogar verdoppeln. Die effektiven Aufwendungen ermittelt der Architekt, wobei noch mit Nebenkosten von bis zu 20% der Nettobaukosten zu rechnen ist.

Das Fundament

Das Fundament für ein Glashaus muß vom Statiker berechnet werden. Es ist leicht zu verstehen, daß jede Absenkung und Bewegung der Grundmauern das genau eingepaßte Gefüge aus Glas und Rahmen so verziehen kann, daß Undichtigkeiten oder gar Glasbruch vorkommen. Türschwellen werden uneben, Lüftungsklappen schließen nicht mehr dicht und dann kommt es zu empfindlichen Wärmeverlusten.

Repräsentativer Gartenpavillon für Empfänge und Veranstaltungen.

Das Fundament muß frostfrei gegründet, also etwa 80–90 cm tief sein. Der verwendete Beton wird mit Baustahl armiert und elektrisch geerdet.

Am besten sind für den üblichen Wintergarten Streifenfundamente geeignet. Stützen- oder Punktfundamente kommen nur bei Rundformen oder anderen ausgefalleneren Bauformen in Frage, denn Bodenkontakt der Profile und Scheiben ist aus mechanischen und technischen Gründen ungünstig.

Besser ist ein Sockel von etwa 30 cm auf dem Streifenfundament, der aus Stein aufgemauert oder aus grundisoliertem Beton errichtet wird. Bei Ganzjahresnutzung ist eine Wärmedämmung des Fundamentes anzuraten. Gemauerte Sockel müssen sauber verfugt und wasserabweisend verputzt werden. Zwischen Fundament und Sockel fügt man Dichtungsstreifen ein, damit keine Feuchtigkeit hochsteigt. In Betonsockeln müssen Vertiefungen für den Einschluß von Schrauben oder Gewinden ausgespart bleiben, z. B. durch Einfügen von Styropor-Klötzchen, die später leicht herausgelöst werden können. Die genau passenden Gewindebolzen können später gezielt einbetoniert werden.

Einzuplanen sind innere und äußere Abflüsse und Drainagen um die Reinigung des Innenraumes und die Aufnahme des Regenwassers zu gewährleisten.

Der voll integrierte Wintergarten mit Sitzecke für die Teestunde.

Die Konstruktion

Auch wenn man heute Wintergärten komplett oder als Bausatz kaufen kann, so sollte die Auswahl des Modells sich nicht nur nach der Zweckmäßigkeit oder niedrigen Kosten, sondern auch nach dem Baustil des Wohngebäudes richten.

Schon in unserer »kleinen Materialkunde«, am Anfang dieses Buches, wurden die Vor- und Nachteile von Holz-, Eisen- (bzw. Stahl-) und Aluminium-Trägern besprochen. Im Wintergarten ist die Frage des Aussehens von wesentlich größerer Bedeutung als bei Gewächshäusern. Oberflächenbehandeltes Aluminium korrodiert am wenigsten, wirkt aber unbehandelt (nicht eloxiert) im Wohnbereich meist zu technisch. Auch feuer-

verzinktes Eisen ist haltbar, aber unansehnlich. Man wird es gewöhnlich, ebenso wie Holzrahmen, mit Anstrichen versehen. Meist wird Weiß als Farbe gewählt, da damit noch ein wenig Licht ins Wintergarteninnere reflektiert wird, und die gesamte Konstruktion leichter wirkt.

Zu denken ist auch an die Korrosionsbeständigkeit von Verbindungsstücken, Schrauben, Muttern, Nägeln, Scharnieren, Beschlägen usw.! Sie sind besonders schwer für pflegende Maßnahmen erreichbar, wenn das Gebäude erst einmal steht, müssen also von vornherein rostfrei und widerstandsfähig gewählt werden.

Modern und schlank – ein ruhiger, warmer Platz für viele Zwecke.

Wintergärten – wohnen im Paradies

Holzkonstruktionen müssen, sofern sie nicht gestrichen werden, durch Holzschutzmittel gegen Pilze und Feuchtigkeit geschützt sein. Allerdings sollten Sie unbedingt darauf achten, keine Stoffe zu verwenden, die giftige Bestandteile in die Luft, oder über das Kondenswasser in den Boden abgeben.

Holz kann auch mehrschichtig verleimt zur Anwendung kommen, weil es sich dann weniger verzieht, als Massivholzprofile (»Holzleimbinder«).

Für kleinere Tragegerüste eignet sich eloxiertes Aluminium am besten, bei größeren wird man auf verzinkte Stähle zurückgreifen, da sie tragfähiger sind, oder auf Holzkonstruktionen, die immer einen hohen ästhetischen Reiz haben. Bei Selbstbauten ist allemal der Statiker zu befragen.

Profile

Die klassische Technik der Verglasung erfolgte durch Kitt. Inzwischen gibt es jedoch eine Vielzahl von kittlosen Profilsystemen, die eine Fassung der Scheiben über Gummi, Silikon oder andere Isolierauflagen erlauben. Zwischen diesen werden die Scheiben festgehalten und können bei Bedarf leichter herausgelöst werden als aus Kitt.

Die meisten kittlosen Systeme dichten die Scheibenlager durch Andruckmechanismen ab, wobei es auch Ausführungen gibt, die selbständig für Druckausgleich sorgen.

Wenn das Glashaus auch als Wohnraum genützt werden soll, so ist bei Verwendung dieser Systeme auf eine geeignete Vorrichtung zum Schwitzwasserablauf zu achten. Andernfalls entstehen Tropfen, die auf Möbeln, Kleidern und Fußböden unangenehme Flecken hinterlassen können.

Verglasung

Glas ist das herkömmliche Material für Wintergarten und Gewächshaus. Für die Stehwände eignet sich jedes Glas. Einfache Verglasung ergibt jedoch zu hohe Wärmeverluste nach draußen. Deshalb ist, gerade für Wintergärten, dem Verbund- oder Isolierglas unbedingt der Vorzug zu geben. Es gibt auch speziell beschichtete Glassorten, die Wärmestrahlung (das Infrarotlicht) in das Rauminnere reflektieren und damit noch energiesparender wirken.

Massive Holzkonstruktionen wirken gegenüber leichteren Metallbauten weit mehr als Teil des Hauses.

Ein Vergleich der sogenannten »K-Werte«, mit denen man die Wärmedämmung von Gläsern angibt, zeigt die Bedeutung der richtigen Wahl, wobei ein höherer K-Wert einen höheren Wärmeverlust bedeutet:
Einfachglasscheibe: 6,0 W/m² K
Isolierglas: 3,0 W/m² K
Spezialisolierglas: 1,3 W/m² K
Andererseits verliert man durch Mehrfachscheiben natürlich an Lichtdurchlässigkeit. Einfachverglasung läßt ca. 87% des Lichtes hindurch, während Isolierglas nur 77% und Spezialisolierglas etwa 65% des Lich-

tes passieren läßt. Ideal wäre deshalb ein Glas mit niedrigem K-Wert, bei gleichzeitig hoher Lichtdurchlässigkeit.

Für das Dach des Wintergartens benötigt man aus Sicherheitsgründen Sicherheitsgläser, die bei Bruch keine scharfen Splitter entstehen lassen oder erst gar nicht zerspringen können. Für Einfachscheiben nimmt man ESG (Einscheiben-Sicherheitsglas), für Verbundscheiben VSG (Verbundscheiben-Sicherheitsglas), welches durch Folien am Zerspringen gehindert wird.

Isolierscheiben gibt es verschweißt oder verklebt. Für Dachkonstruktionen sind sogar spezielle, keilförmige Isoliergläser mit überstehender Oberseite erhältlich, die man dachziegelartig überlappend verlegen kann (Gerrix-Top-Term). Im anderen Falle können die Stoßfugen zwischen den Scheiben mit Silikon verklebt und mit Dichtungsstreifen versehen werden.

Dauerelastische Abdichtung ist auch für den Anschluß des Wintergartens an das Wohnhaus nötig, wobei darauf zu achten ist, daß der Dichtungsstoff an allen Materialien gleich gut haftet.

Dach und Hausanschluß müssen über geeignete Wasserabflußrinnen verfügen, die in Drainagen abseits des Fundamentes münden, damit die Feuchtigkeit nicht an die Grundmauern gelangt oder von unten an ihnen hochsteigt.

Lüftung

Die Klimatisierung eines Wintergartens muß in jedem Fall den gegebenen Bedingungen entsprechend berechnet werden. Standort, Sonneneinstrahlung, Baumaterialien, Reflexions- und Speicherflächen spielen dabei ebenso eine Rolle wie die Bepflanzung.

Wintergärten – wohnen im Paradies

Große Türöffnungen stellen die Verbindung zum Garten her.

Eine märchenhafte Atmosphäre entsteht durch farbige Schattierungen.

In der Regel kommt die Frischluft durch Zuluftklappen in den Schallwänden in den Wintergarten herein, während die erwärmte Abluft durch Flügel im Dach entweicht. Bei richtiger Konstruktion entsteht keine Zugluft im Raum. Günstig ist eine thermostatgesteuerte Entlüftungsautomatik, die bei ausreichender Dimensionierung der Abluftklappen auch ohne Überwachung für geeignete Temperierung sorgt.

Wenn Bepflanzung, Lüftung und Speichermaterialien (Ziegelwände, Steine, Erde, Wasserkästen) in geeigneter Weise kombiniert werden, ist keine zusätzliche Jalousienbeschattung notwendig. Man kommt dann an sonnenreichen Tagen mit einfachen Sonnensegeln aus Stoff zurecht. Das ist erheblich billiger und vor allem pflegeleichter als aufwendige Beschattungsanlagen, die außen über der Glashaut angebracht werden, und

Wintergärten – wohnen im Paradies

Sehr funktional, aber gewiß nicht ohne Wohnqualität: Die Markise als Außenschattierung.

dementsprechend anfällig für Witterungseinflüsse und Verschmutzung sind.

Ventilatoren sind manchmal erwünscht, müssen aber so konstruiert sein, daß sie keinen Regen einlassen. Zudem muß man sie, ebenso wie die Lüftungsflügel, mit Fliegengitter gegen Insekten abdichten können.

Heizung

Jeder Wintergarten, der ganzjährig genutzt und begrünt sein soll, bedarf einer Heizung, auch wenn die Sonneneinstrahlung optimal genützt wird. Man denke an die Nächte und die Kälteperiode.

Eine Möglichkeit besteht in der Erweiterung der Heizung des Wohnhauses, falls diese genügend Energie liefern kann. Eine Fußbodenheizung muß natürlich schon bei der Planung

des Fundamentes berücksichtigt werden, da eine entsprechende Isolation vonnöten ist (Zementestrich). Auch der Bodenbelag muß angepaßt werden, z. B. als Stein- oder Fliesenböden.

Für normale Warmwasserheizungen braucht es Radiatoren, die gereinigt und gewartet werden müssen, weshalb man sie nicht zu sehr mit Pflanzen und Möbeln verstellen darf. Wenn in dem Glashaus ein Schwimmbecken ist, kann man auch an Warmluftkanalheizungen denken, aus denen die Wärme direkt an den Wänden emporströmen kann, andernfalls lohnt sich der Aufwand selten.

Der Treibhauseffekt läßt sich in der Übergangszeit zur Erwärmung des Wohnhauses nutzen. Die erwärmte Luft wird entweder durch Röhrensysteme und Ventilatoren (»Hypokaustensystem«), oder einfach durch morgendlichen Verschluß und abendliche Öffnung von Verbindungstüren

in die Wohnräume geleitet. <u>Wärme-</u>
<u>pumpen</u> amortisieren sich hingegen
nur über längere Zeit, bei systematischer Planung und bei Nutzung aller
Möglichkeiten der Energiespeiche-
rung im Glashaus.

Im Winter sollte auch der beheizte
Wintergarten vom Wohnhaus abge-
trennt sein, um Wärmeverluste der
Wohnräume zu vermeiden. Im Glashaus selbst reicht meist eine Nacht-
temperatur von 5 °C aus. Man kann
eventuell Abwärme aus den Wohnräumen zur Temperierung nützen oder
einen gesonderten Heizungskreislauf
bei niedriger Temperatur betreiben.
80 m² Wintergarten mit Isolierverglasung kosten, je nach Energiepreisen
und Witterung, pro Heizperiode um
100 DM.

Bodenbeläge

Von ganz besonderer Bedeutung im
Wintergarten sind Material und Bauweise des Bodens. Grundsätzlich
kommen drei Arten infrage: Steinböden, Holzroste und Kies.

Wenn wir eine Fußbodenheizung
im Wintergarten planen (was eine gute Lösung ist), dann fährt man auf jeden Fall mit Steinplatten, Fliese oder
Ziegeln am besten. Die Gestaltungs-
möglichkeiten sind mit den verschiedenen Materialien und ihrer Kombination unerschöpflich. Vom rustikalen
Klinkerboden bis zur kühlen Marmor-
fläche, vom Kirchenmosaik bis zum
nüchternen Betonplattenbelag ist alles möglich. Wichtig ist nur, daß Material und Bauweise zu Funktion und
Stil passen. Wer die Betonung sehr
auf Garten legt, der soll sich nach einem glatten Bodenbelag umschauen
und ihn mit leichtem Gefälle zu einem Ablauf führen. Dann kann er seinen Boden auch einmal abspritzen –

was auch für die Luftfeuchtigkeit von
Vorteil ist.

Wer mehr die Betonung auf das
Wohnen im Glashaus legt, der kann
auch an Bodenbeläge denken, die weniger funktional und pflegeleicht
sind. Holzroste sehen hübsch aus und
sind fußfreundlich. Sie müssen auf
Kies verlegt werden. Da fällt dann mit
der Zeit allerhand durch die Ritzen,
was nicht mehr leicht zu beseitigen
ist. Das gleiche Problem hat man mit
einem Kiesboden ohne Holzroste:
der ist schwer sauber zu halten, Mö-
bel stehen schlecht darauf und mit
dem Wasserablauf gibt es auch Pro-
bleme.

Ein guter Übergang
vom Fliesenboden
zum Pflanzenbereich:
grober Kies.

Ein Raum wie dieser ▷
kann für viele Zwecke
genutzt werden.

94

Holzböden passen immer gut zu Pflanzen und
es geht und lebt sich angenehm darauf.

Wem Plattenböden zu teuer sind
(Material und Verlegen schlagen zu
Buche), kann einen schlichten Beton-
estrich wählen und ihn mit Kokos-
oder Sisalteppichen im Wohnbereich
belegen. Das empfiehlt sich auch bei
anderen Steinböden, wenn sie nicht
von unten beheizt werden.

Die Einrichtung
von Wintergärten

Eigentlich ist es ein Unding, das riesi-
ge Spektrum von »Wohnen unter
Glas« mit dem etwas altmodischen
und engen Begriff Wintergarten zu
belegen, wie das im allgemeinen der
Fall ist. Es reicht (bei vielen Autoren)

Für Wohnräume ganz unter Glas sind Schattiervorrichtungen unerläßlich: Sie geben hier dem Raum etwas Orientalisches.

vom pflanzenlosen Atelier oder Büro mit Glasdach bis zur umrankten Glasveranda.

Entsprechend unterschiedlich und individuell ist die Einrichtung solcher Glasanbauten. Da muß jeder selbst entscheiden, ob sein Wintergarten nun mehr Gartenfunktion oder mehr Wohnraum- oder gar Arbeitsraum-Funktion erfüllen soll. Ich persönlich bin der Auffassung, daß so ein Wintergarten einen gewissen Kontrast zur »höhlenhaften« Geborgenheit eines gewöhnlichen Wohn- oder Schlafraumes bieten sollte. Ich würde also die Betonung stark auf Garten legen, auf Wasser, Pflanzen, vielleicht auch Tiere (Vögel, Fische, Reptilien), auf das Erleben von Himmel, Wolken und Sternen, den Wechsel der Tages- und Jahreszeiten. Das ist ja, was uns »einbetonierten« Zeitgenossen fehlt.

Entsprechend müßte die Einrichtung sein. Bequeme Stühle, auch zum Zurücklehnen und in den Himmel gucken, aber mit Gartenstuhlcharakter, keine Polstermöbel. Ich würde Wert legen auf die feuchtwarme, nach Erde und Blüten duftende, wunderbare Atmosphäre eines Palmenhauses – und das vertragen Schleiflack- und Polstermöbel ohnehin schlecht.

Wichtiger als eine repräsentative Sitzecke wäre mir eine Hängematte, ein Sandplatz für Kinder (auch die größeren wühlen gerne darin), ein Wasserbecken mit den ruhigen Bewegungen von Fischen, eine Schaukel.

Wo die Möblierung so stilecht zur Bepflanzung eines Wintergartens paßt, da läßt sichs gut wohnen.

Wintergärten – wohnen im Paradies

Und für die Pflanzenpflege sollte es einen nicht zu kleinen Arbeitstisch geben mit griffbereiten Fächern für Töpfe und was man sonst so braucht. Ganz wichtig: ein Wasserhahn mit großem Becken, in das man die Gießkanne stellen kann.

Im übrigen können die zu Pflanzen besonders gut passenden Materialien Stein, Holz und Wasser in allen Formen und Variationen verwendet werden. Größere Bruchsteine und abgerundete Kiesel in allen Größen (z. B. in Wassernähe) können ebenso dekorativ wirken wie Steinfiguren und Keramiken.

Neben bearbeitetem Holz sehen auch knorrige Äste und Stämme gut aus und sind darüber hinaus praktisch zum Aufhängen von Ampeln und zum Ansiedeln von Epiphyten (Bromelien, Orchideen, Farne, Moose).

Wasser schließlich kann als Bodenbecken mit reicher Bepflanzung den Eindruck grundloser Tiefe vermitteln (Boden schwarz), oder als Aquarium zum Hindurchschauen licht und luftperlendurchflutet erscheinen. Ganz anders wirkt bewegtes, plätscherndes Wasser, sei es als Springbrunnen, sei es als sanft über Steine rieselndes Bächlein. Technisch ist alles möglich – und die über porösen Stein fließenden Brunnen eignen sich gut für eine entsprechende Bepflanzung, z. B. mit Moosen und Farnen.

Zur Einrichtung des Wintergartens gehört auch eine zweckmäßige und wirkungsvolle Beleuchtung. Wirkungsvoll heißt nicht nur: für theatralische Effekte, sondern als lebensnotwendiger Lichtspender für die Pflanzen während des Winters.

Wie bereits weiter oben angesprochen, gibt es heute spezielle Pflanzenlampen, Leuchtstoffröhren mit rötlichblauem Licht und Quecksilber- und Halogen-Hochdruckdampflampen. Die für die Pflanzen am besten geeignete Beleuchtung entspricht nicht unbedingt unseren menschlichen Bedürfnissen: Das Blaurot erscheint uns kalt, wir mögen lieber ein warmes Gelb-orange. Für die Sitzecke müssen wir also eventuell eine andere Beleuchtung wählen als für die Pflanzen. Ganz allgemein wirken mehrere hellgebündelte Lichtquellen (Strahler) »sonniger« als das diffuse Licht einer normalen Glühbirne oder Leuchtstoffröhre.

Von besonderem Reiz ist der nahtlose Übergang vom Wohnraum zum Glasvorbau – auch wenn es im Winter Heizprobleme geben könnte.

Wintergärten – wohnen im Paradies

Das Solarhaus – mit der Sonne im Bunde

Über Generationen war der Wintergarten ein Luxus reicher Leute. Auch heute ist er das oft noch. Aber mit wachsender Sorge um das Verheizen fossiler Energieträger und die damit zusammenhängende Umweltbelastung wenden sich immer mehr Architekten der lohnenden Aufgabe zu, die Sonne bei der Beheizung von Wohnhäusern mit einzubeziehen. Bei echten Solarhäusern ist es nicht mehr damit getan, nur einfach einen Glaskasten anzubauen.

Bereits der Grundriß des Hauses muß auf eine effiziente Sonnenenergienutzung ausgerichtet sein. Daß kühle Räume an die Nordseite und warme an die Südseite sollen, das wurde auch im konventionellen Hausbau schon möglichst berücksichtgt. Beim Solarhaus kommt die richtige Materialwahl für Wände, Decken und Böden hinzu, die je nach Lage die Funktion der Wärmespeicherung, der Wärmedämmung oder der Wärmeleitung übernehmen müssen. Hinzu kommt auch ein ausgeklügeltes System der Luftzirkulation als Verteiler von höherer oder niedrigerer Temperatur an die Orte, wo man sie gerade braucht.

Das Glas der Fenster und gegebenenfalls der gesamten (vorverglasten) Südfront übernimmt – wie beim Gewächshaus – die Aufgabe des Energiefängers. Wenn diese Verglasung mit einem Wintergarten verbunden ist, so kommt den Pflanzen in dem gesamten System noch die Aufgabe der Klimaverbesserung zu: Durch die Abgabe von Sauerstoff und Wasserdampf und die Aufnahme von Kohlendioxid (das wir ausatmen) tragen sie zu einer bekömmlichen Atmosphäre im Haus bei.

Wintergärten – wohnen im Paradies

Man kommt bei gut konstruierten Solarhäusern weitgehend mit der passiven Nutzung der Sonnenenergie aus, das heißt ohne mechanische Hilfsmittel. Das Maximum an Heizungskostenersparnis wird man jedoch nur erreichen, wenn man so ein Haus mit Verstand benutzt. Richtiges Lüften ist ebenso wichtig wie das Schließen von Fensterläden in kalten Nächten. Vor allem müssen die Temperaturunterschiede zwischen Wintergarten und Wohnhaus richtig genutzt werden. Wenn man tagsüber die Wärme des Wintergartens voll ins Haus läßt, nachts aber alle verbindenden Öffnungen verschließt, kann man gerade in der Übergangszeit viel Heizöl sparen. Man rechnet nur mit 7–12 Liter Öl pro Quadratmeter Wohnfläche im Jahr bei einem sinnvoll genutzten Passiv-Solarhaus.

Um die Sonne zum Heizen von Wohngebäuden einzusetzen, bedarf es ausgeklügelter Zirkulations- und Speichersysteme.

Ob sich eine aktive Sonnenenergienutzung lohnt, muß der Fachmann im Einzelfall entscheiden. Wird etwa die warme Luft des Wintergartens mit Ventilatoren über ein Warmluftheizsystem im Wohnhaus verteilt, geht es vor allem darum, Speichermassen (Wände, Böden) tagsüber zu erwärmen, die diese Wärme dann langsam abgeben.

Eine andere Möglichkeit besteht im Einsatz von Absorbern. Wir sprachen schon mehrfach davon: In schwarzen Röhren oder Schläuchen erwärmt sich Wasser in der Sonne (Kollektorenprinzip). Das erwärmte Wasser kann in dreifacher Weise genutzt werden: Zur Erwärmung von Teilen des Baukörpers, die als Speicher dienen (also eine Variante der erwähnten Warmluftheizung), zur Erwärmung eines größeren, wärmegedämmten Wasserspeichers, dessen Wärme später für Heizzwecke genutzt wird, und schließlich zur Erwärmung von Brauchwasser.

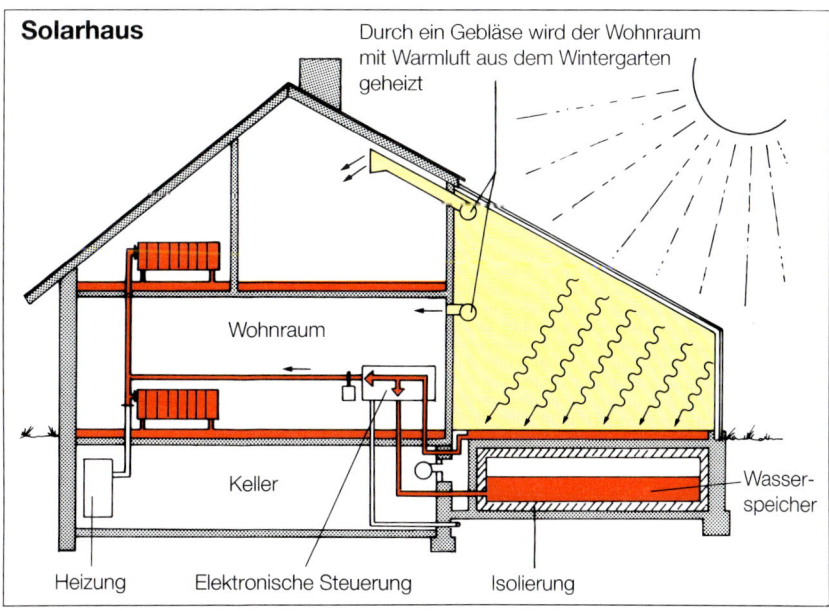

Solarhaus

Durch ein Gebläse wird der Wohnraum mit Warmluft aus dem Wintergarten geheizt

Wohnraum

Keller

Wasserspeicher

Heizung   Elektronische Steuerung   Isolierung

Pflanzen für den Wintergarten

Ebenso subjektiv wie die Einrichtung ist alles, was man zur Bepflanzung sagen kann. Wer gar kein Talent im Umgang mit Pflanzen hat, oder viel unterwegs ist, kann sich immerhin vom Gärtner ein paar pflegeleichte Blattpflanzen in Hydrokultur hinstellen lassen. Eine andere Möglichkeit: Man kann den Glasanbau von außen begrünen. Blattwerfende Kletterpflanzen, wie Wein, Glyzinie, Knöterich, sind besser als Immergrüne (Efeu), weil diese auch im Winter Schatten machen, wenn es unerwünscht ist.

Am anderen Ende der Skala steht die »grüne Hölle«, der Wintergarten, in dem man sich kaum noch umdrehen kann vor lauter wuchernder Vegetation.

Die Art der Bepflanzung eines Wintergartens hängt zunächst von den Wünschen und gärtnerischen Fähigkeiten seines Besitzers, dann aber auch von den räumlichen Verhältnissen und technischen Möglichkeiten ab. Entscheidend ist vor allem, welchen Temperaturbereich man ansteuert: tropische Verhältnisse mit ganzjährig hohen Temperaturen (und entsprechend leistungsfähiger Zusatzbeleuchtung im Winter), oder mehr subtropisch-mediterrane Bedingungen mit winterlichen Nachttemperaturen bis wenige Grade über Null.

Schon aus Gründen zurückhaltender Energienutzung möchte ich sehr für die zweite Variante plädieren. Die Auswahl an dafür geeigneten Pflanzen ist so groß, daß man schon Snob oder Epiphytenspezialist sein muß, wenn man meint, damit nicht auf seine Kosten zu kommen.

In einem geschickt bepflanzten Wintergarten grünt und blüht es das ganze Jahr über.

Pflanzen für den Wintergarten

Bevor wir Ihnen eine Liste von Pflanzen für den Temperaturbereich von 5–30 °C nennen, möchte ich noch ein Wort zur Verteilung der Pflanzen im Raum sagen. Zwei Ziele sollten wir dabei im Auge behalten. Zum einen die möglichst dreidimensionale Bepflanzung, die der Vielstufigkeit eines lichten Waldes entspricht. Kletterpflanzen, baumartige Gewächse, von der Decke hängende Ampelpflanzen bilden die oberste Etage. Sie bekommen besonders viel Licht und nehmen es den Bewohnern niedrigerer Stockwerke. Da im Winter hierzulande das Licht knapp ist, sollte man darauf achten, daß möglichst viele dieser Dach- oder Kronenpflanzen laubwerfend, einziehend oder einjährig sind.

Um so grüner kann es dann auch im Winter im mittleren und unteren Stockwerk sein. Pflanzen für den mittleren Bereich können niedrigere Kübelpflanzen, tief hängende Ampelpflanzen oder kleinere Topfpflanzen auf Regalen und Stellagen sein. Die unterste Ebene besteht aus nicht zu hohen, mit wenig Licht auskommenden Arten. Farne sind hier vor allem geeignet.

Da zumindest Gehölze von Jahr zu Jahr größer werden, können sie je nach Alter nacheinander zu allen Ebenen gehören – wie wir das ja auch in unseren Wäldern beobachten können. Anzustreben ist aber ein guter Anteil an immergrünen, hartlaubigen Sträuchern und Kleinbäumen für die mittlere Ebene. Verschiedene Arten der mediterranen Macchie eignen sich hierfür, aber auch kleine Palmen und palmähnliche Immergrüne (Zyperngras, Keulenlilie, Yucca und auch Bambus).

Allerdings soll man auch auf genügend Blütenpracht achten. Die ist nicht nur fürs Auge, sondern auch für die Nase von großer Bedeutung.

Wenn ich zu wählen hätte zwischen prächtigen, aber duftlosen und weniger ansehnlichen, aber duftenden Blüten, würde ich mich für Letztere entscheiden. Der Duft von Orangen und Zitronen, auch der der gänzlich unscheinbaren Weinblüten, kann einen Wintergarten in einen Traum verwandeln.

Durch Ampel- und Kletterpflanzen kann auch ein hoher Raum mit Pflanzenleben erfüllt werden.

Die wichtigsten Kübelpflanzen

Abutilon – Malvengewächse mit häufig gelb-gesprenkelten Blättern. Zarte Blütenglocken in leuchtenden Farbtönen: gelb, orange und rot. *A.*-Hybriden blühen von Mai bis Oktober, *A. megapotamicum* Frühjahr bis Sommer und *A. pictum* von August bis November. Im Winter ist ein heller, kühler und luftiger Raum ohne Temperaturunterschiede und Zugluft der richtige Standort. In der Ruhezeit braucht Abutilon nur wenig Wasser. Geschützt und mit viel Licht versorgt, können die Pflanzen im Sommer im Freien stehen. Mäßig gießen und düngen – Staunässe vermeiden.

Agapanthus praecox – Schmucklilie: Eine aus Südafrika stammende, stattliche Kübelpflanze mit langen, bis auf den Boden hängenden Riemenblättern und hohen blauen oder weißen Blütenständen. Vor den ersten Frösten muß *Agapanthus* in einen frostfreien, hellen, kühlen Raum umgestellt werden. Mit zimmerwarmem Wasser dann nur gerade soviel gießen, daß die Blätter nicht absterben, d. h. sehr trocken halten. Im Mai kommen die Pflanzen im alten Topf wieder an einen geschützten, vollsonnigen Platz im Freien und werden nun wieder reichlicher gewässert und einmal die Woche 0,2%ig gedüngt. Umgetopft wird nur alle drei Jahre. Bei der Gelegenheit kann durch Teilung vermehrt werden.

Bougainvillae glabra – Bougainvillie: Aus Südamerika stammender Kletterstrauch mit kräftig rotviolett gefärbten Hochblättern. Blüht vom Frühjahr bis zum Spätsommer. Bougainvillea braucht einen sehr hellen, sonnigen und vor Regen geschützten Standort im Freien. Gut gießen und düngen. Im Spätherbst kaum noch gießen, bis fast das ganze Laub abfällt und an einem kühlen und luftigen Standort überwintern – aber nicht unter 10 °C. Nach der Ruheperiode kräftig zurückschneiden und ab März wieder wärmer stellen. Die Vermehrung durch Stecklinge ist schwierig.

Die Pracht der Bougainvillea besteht aus leuchtend gefärbten Hochblättern.

Pflanzen für den Wintergarten

Callistemon citrinus – Zylinderputzer, Schönfaden: Der australische, bis 3 m hohe Strauch mit den roten Flaschenputzer-Blütenständen hat oleanderartige Blätter. Im Winter muß er bei wenig Wasser und 8–10 °C sehr hell stehen. Im Frühjahr bekommt er neue, kalkfreie, sehr humusreiche Erde und erhält ab Mai einen geschützten, vollsonnigen Platz im Freien. Zur Wachstumszeit muß reichlich gewässert und zurückhaltend gedüngt werden; zu naß darf er aber nicht werden. Nach der Blüte Triebe zurückschneiden. Vermehrung durch Kopfstecklinge im August.

Camellia japonica – Kamelie: Schöne, volle Blüten in rötlich-weißen Farbtönen und lederartige, mattgrüne Blätter kennzeichnen diese immergrüne Strauchpflanze aus Japan. Blütezeit ist von Januar bis April. Während der Knospenbildung und der Blütezeit auf gleichmäßige Temperatur und Feuchtigkeit achten. Die Pflanze braucht in dieser Zeit nur wenig Wasser und einen kühlen Platz. Während des Hauptwachstums (März–)Juni sehr regelmäßig gießen und in größeren Abständen mit kalkfreiem Blumendünger 0,1%ig versorgen. Alle zwei Jahre in kalkarme, saure Erde umtopfen. Die Kamelie liebt halbschattige Standorte. Vermehrung durch Kopfstecklinge bei etwa 20–25 °C unter Zuhilfenahme eines Bewurzelungshormons.

Citrus – Zitronenbäumchen: Die Zitrone *(C. limon)* ist nur eine der wegen ihrer duftenden Blüten und ebenso hübschen wie schmackhaften Früchte seit langem geschätzten *Citrus*-Arten. Weitere sind: die Mandarine *(C. reticulata)*, die Orange

Kamelienblüten haben etwas Nobel-Luxuriöses.

Neben der weißen Datura gibt es auch Sorten, deren Blüten wie glühendes Eisen leuchten.

(C. sinensis) und die Pampelmuse *(C. maxima)*, die Grapefruit *(C. x paradisi)*. Im Winter sollen Zitruspflanzen hell und kühl, aber frostfrei stehen. Sie werden nur sehr wenig gegossen, die Erde darf aber nicht austrocknen. Ab Mitte Mai kann man dem Zitrusbäumchen einen geschützten, sonnigen Platz auf der Terrasse geben. Regelmäßig gießen und nur mäßig düngen. Vermehrung durch Kopfstecklinge im Frühling.

Corynocarpus laevigatus – Neuseeland-Lorbeer: Ein robuster, immergrüner Strauch mit dunkelgrün-glänzenden Blättern. Im Winter reichen 5–10 °C an hellem Ort. Im Mai alle paar Jahre vor dem Umstellen ins Freie neue Erde geben. Er verträgt auch volle Sonne. Mäßig feucht halten und düngen. Vermehrung durch Trieb- und Kopfstecklinge im August/September bei hohen Bodentemperaturen.

Datura-Hybriden – Stechapfel, Engelstrompete: Eine giftige, aber sehr prächtige Pflanze; manche Arten werden bis 5 m hoch. Die enorm großen, hängenden Blüten sind weiß, gelb oder orange und duften süß. Vor den ersten Nachtfrösten bei 5–10 °C ins Kalthaus. Im Frühjahr kräftig zurückschneiden und wegen des anfangs starken Wachstums mit neuer Erde in ausreichend großen Kübel setzen. Im Freien liebt *Datura* einen geschützten, sonnigen Platz. Vermehrung durch Kopfstecklinge unter Feuchteschutz.

Dracaena draco – Drachenbaum: Dieser kanarische Vertreter der in Afrika, Asien und Australien verbreiteten Agaven-Gattung wird in seiner Heimat ein bis 20 m hoher Baum. Die Büschel langer, schwertförmiger Blätter sitzen am Ende der Äste. Als Kübel- oder Zimmerpflanze werden Dracaenen oft als austreibende Stammabschnitte verkauft. Der Drachenbaum mag es im Sommer eher kühl, braucht im Winter aber mindestens 10 °C.

Ficus – Feige, Gummibaum: Von den vielen *Ficus*-Arten, die als Zimmerpflanzen so beliebt sind, eignen sich nur wenige als Kübelpflanzen. Der Echte Feigenbaum *(F. carica)* ist dagegen so robust, daß man ihn an sehr warmen Orten sogar bei uns ins Freie pflanzen kann. Im allgemeinen hält man ihn aber als Kübelpflanze und überwintert frostfrei bei wenig Gießwasser im Kalthaus. Dabei wirft er die Blätter ab. Nach dem Wechsel ins Freie sollte man zunächst schattieren, bis sich die Blätter entwickelt haben.

Hibiscus rosa-sinensis – Roseneibisch, Chinarose: Der Strauch mit den prachtvollen roten Blüten kann

Pflanzen für den Wintergarten

im Kübel 1–2 m groß werden. Hybriden mit besonders großen und andersfarbigen Blüten sind empfindlicher und bleiben kleiner. Den Winter kann der Hibiskus im Zimmer oder im 12–16 °C temperierten Gewächshaus verbringen. Bei einer Ruhezeit im kühlen Keller, wirft er die Blätter ab und treibt später wieder aus. Nur robuste Sorten mögen den Aufenthalt in voller Sonne im Freien. Im Zimmer entwickelte Blätter können beim Wechsel ins Freie verbrennen. Auch werden bei Standortwechsel und vorübergehender Trockenheit leicht die Blütenknospen abgeworfen. Im übrigen können Blüten das ganze Jahr über gebildet werden.

Gelegentlicher Rückschnitt hält die Pflanze kompakt und verhindert ein Verkahlen von unten. Außerhalb der Ruhezeit braucht Hibiskus viel Wasser und ständig leichte Düngung. Die Vermehrung erfolgt durch Kopfstecklinge bei hoher Bodenwärme.

Die klassische Hibiscus-Blüte ist karminrot, es gibt aber viele Farbvarianten.

Der Oleander mag kalkreiche Böden und sollte im Sommer draußen stehen.

Jasminum officinale – Jasmin: Diese strauchige Pflanze mit duftenden, weißen Blüten am Ende dünner, langer Zweige und glattrandigen, ovalen Blättern stammt aus dem Iran und China. Ab Ende Mai ist ein Standort im Freien möglich. Der Jasmin verträgt auch volle Sonne. Allerdings braucht er während der Blütezeit von Juni bis September einen hellen, kühlen Platz. Zum Überwintern stellt man ihn am besten ins Kalthaus, das ab Frühling viel gelüftet werden sollte. Auf genügend große Töpfe achten, regelmäßig gießen – im Winter nur wenig – und wöchentlich düngen. Vermehrung im Sommer durch Kopf- oder Triebstecklinge.

Laurus nobilis – Lorbeer: Ein Strauch des Mittelmeers mit dunkelgrün-ledrigen Blättern und cremefarbenen Blütenbüscheln im Mai. Den Winter verbringt er gerne hell und kühl (5–10 °C) und ist dann auch eine Zierde jedes Wintergartens.

Prächtig gefärbt ist der Strahlenkranz aus Staubblättern der Passionsblume.

Vor dem Neuaustrieb schneidet man den Lorbeerstrauch in die gewünschte Form. Ab Mitte Mai kann er ins Freie, wobei leichter Halbschatten günstig ist. Nur alle drei Jahre umtopfen. Vermehrung im Herbst durch Kopfstecklinge in sandiger Erde.

Myrtus communis – Brautmyrte: Eine aus dem Mittelmeerraum stammende strauchige Kübelpflanze mit lanzettlichen, dunkelgrünen Blättern und zarten, weißen Blüten vom Sommer bis zum Herbst. Sie kann den Sommer im Freien verbringen, liebt auch volle Sonne. Zum Überwintern hell und kühl stellen, im Frühjahr gut lüften. Mäßig gießen und nur wenig düngen. Jungpflanzen jährlich im Frühling umtopfen. Vermehrt wird im Sommer durch Kopfstecklinge nichtblühender Triebe oder durch Samen.

Nerium oleander – Oleander: Der Mittelmeerstrauch wird auch im Kübel 2–3 m hoch. Seine linealischen Blätter sind stumpf-ledrig, die Blüten dunkelrosa sowie weiß, gelb, gestreift, einfach und gefüllt. Im Winter ist er mit einem frostfreien, hellen bis dunklen Raum zufrieden. Im Zimmer bekommt er leicht Schildläuse. Während des Wachstums reichlich wässern und leicht düngen. Ab Ende Mai kann der Oleander den Sommer an einem geschützten Platz im Freien verbringen. Durch Kopfstecklinge kann man Oleander den Sommer über leicht vermehren.

Passiflora – Passionsblume: Eine rankende Pflanze, die im Sommer sehr schöne Blüten entwickelt. Die häufigsten Arten zeigen 5–7lappige Blätter; *P. violacea* ist die Ausnahme mit 3lappigen Blättern. Zur Kultur eignet sich ein Wintergarten oder Kleingewächshaus. Nur *P. caerulea*, eine widerstandsfähigere Art, kann im Zimmer oder in Gegenden mit mildem Klima sogar im Freien gezogen werden. Ein kühler, heller Platz während der winterlichen Ruhezeit ist wichtig für eine schöne Blütenbildung. Mäßig feucht halten und wöchentlich düngen. Alle zwei Jahre im Frühling umtopfen. Zur Vermehrung läßt man Kopfstecklinge unter Glas Wurzeln bilden, auf Bodenwärme achten.

Phoenix canariensis – Kanarische Dattelpalme: Die gefiederten Wedel stehen am Ende länger werdender Stämme. Im Sommer liebt die Palme einen Platz in voller Sonne im Freien. Überwintern muß man aber hell und kühl. Im Frühjahr sollte in tiefe Töpfe umgetopft werden. Gewässert und gedüngt wird nur mäßig. Vermehrung durch Samen, die in Wasser eingeweicht werden müssen.

Pittosporum – Klebsame: Von dieser immergrünen Strauchpflanze mit den ledrigen, ovalen Blättern und zartduftenden, weißen, kleinen Blüten gibt es verschiedene Sorten, z. B. *P. tenuifolium* oder *P. tobira*. Man überwintert sie hell und kühl, sehr günstig ist ein Kleingewächshaus oder ein Wintergarten. Während des Sommers kann sie im Freien stehen, sie liebt einen vollsonnigen, geschützten Standort. Mäßig gießen und düngen. *Pittosporum* wird Ende des Sommers durch Kopfstecklinge unter Glas vermehrt – auf Bodenwärme ist zu achten.

Punica granatum – Granatapfel: Ihn haben wir unter den Nutzpflanzen schon beschrieben. Im hellen, 5–10 °C kühlen Winterquartier liebt er bewegte Luft. Wasser braucht er dann fast keins. Im Frühjahr werden

Palmen (hier Phoenix canariensis) sind als Kübelpflanzen sehr beliebt.

die Triebe etwas zurückgeschnitten. Im Sommer gedeiht er gut an einem sonnigen, geschützten Platz im Freien.

Solanum pseudocapsicum – Korallenstrauch: Im Gegensatz zu den anderen Kübelpflanzen handelt es sich hier um eine einjährige Pflanze. Die Blätter und Blüten fallen in der Winterzeit ab. Das Nachtschattengewächs mit cremefarbenen Blüten, die sich im Herbst zu leuchtend roten Kugeln entwickeln, liebt einen hellen Platz im Haus oder auf der Terrasse und mäßig Feuchtigkeit. Bei zuviel Wasser verfärben sich die Blätter gelb und fallen ab. Vermehrung durch Samen: ab Januar im Kleingewächs-

Ein ruhiger Sitzplatz inmitten duftender Blütenpracht – was könnte es Beschaulicheres, Erholsameres geben.

haus; ab Februar/März an einem günstigen Fensterplatz; ab Mai im Frühbeetkasten oder im Freien.

Trachycarpus fortunei – Hanfpalme: Diese stammbildende Palmenart entwickelt sich in ihrer ostasiatischen Heimat zu einem meterhohen Baum mit fächerartigen Blättern. In einem großen Kübel erreicht sie eine Größe von 1–2 m. Die winterliche Ruhezeit verbringt sie am liebsten an einem hellen, kühlen Platz und braucht dann nur wenig Wasser. Den Sommer über kann sie im Freien stehen, an einem sonnigen, hellen Platz. Regelmäßig gießen und düngen. Zur Vermehrung läßt man Samen unter Glas ankeimen, dabei auf etwa 25–30 °C Bodenwärme achten.

Urceolina grandiflora – Brautlilie: Ein Amaryllisgewächs mit großen, länglichen Blättern. Mehrere wohlriechende, weiße Blüten zeigen sich an einem hohen Blütenstengel im Dezember bis Januar oder Mai bis August. Ein temperiertes Gewächshaus bietet die günstigsten Kulturvoraussetzungen, aber auch die Zimmerkultur im Topf ist gut möglich. Wichtig ist ein heller, nicht vollsonniger Platz. Die Zwiebel wird im März oder August etwa 5 cm tief eingesetzt und nur sehr wenig gegossen. Beginnt die Pflanze zu wachsen, erhöht man langsam die Wassergaben und düngt alle 14 Tage 0,1%ig. Sie benötigt nach der Blüte einen Monat Ruhezeit, während der man nur sehr wenig gießt.

Washingtonia filifera: Eine Palmenart mit Fächerblättern, an denen viele feine Fäden hängen. Man überwintert sie hell und kühl; günstig wäre ein Wintergarten oder ein Kalthaus. Staunässe im Wurzelbereich ist unbedingt zu vermeiden, daher im Winter nur wenig gießen. Ab Mai kann diese Kübelpflanze im Freien stehen und will mit reichlich Wasser und mäßig Dünger versorgt werden. Zur Vermehrung läßt man frische Samen einen Monat lang keimen.

Register

Die Gartenerlebnis-Bücher: informative und ideenreiche Wegweiser zu Ihrem Gartenparadies

Michael Lohmann

Der bunte Blumengarten

Stauden, bunte Sommerblumen, Blumenzwiebeln und Rosen, aber auch dekorative Blüten- und Fruchtgehölze sowie Bäume, die für kleine Gärten geeignet sind, werden hier vorgestellt. Praktische Beispiele, Arbeitsanleitungen und Bilder demonstrieren, wie man ein bezauberndes Blumenparadies anlegt.

111 Seiten, 125 Farbfotos, 13 Zeichnungen

Michael Lohmann

Blütenzauber am Haus

Hier werden zahlreiche Ideen präsentiert, wie Hobbygärtner farblich abgestimmte Balkonbepflanzungen arrangieren, originelle Terrassen gestalten oder ein Dach begrünen können. Konkrete, praxisorientierte Arbeitsanleitungen und zahlreiche Pflanzenporträts ergänzen die kreativen Anregungen.

111 Seiten, 139 Farbfotos

Michael Lohmann

Der natürliche Garten

Der Naturgarten ist ein Erlebnisgarten im ursprünglichen Sinn des Wortes: Wenn wir der Natur den Freiraum lassen, sich zu entfalten, gibt es täglich etwas Neues zu beobachten. Anschaulich und praxisnah wird in diesem Buch gezeigt, wie ein natürlicher Garten angelegt und bepflanzt wird.

111 Seiten, 109 Farbfotos, 5 Zeichnungen

In unserem Verlagsprogramm finden Sie Bücher zu folgenden Sachgebieten:

Garten und Zimmerpflanzen · Natur · Angeln, Jagd, Waffen · Pferde und Reiten Sport und Fitness · Reise und Abenteuer · Wandern und Alpinismus Auto und Motorrad · Essen und Trinken · Gesundheit.

Wünschen Sie Informationen, so schreiben Sie bitte an:

BLV Verlagsgesellschaft mbH, Postfach 40 03 20, 8000 München 40

BLV Verlagsgesellschaft mbH München